네 팔은 여전히
아름답다

네팔인에게
배우는
인생 여행법

네팔은 여전히 아름답다

서윤미 지음

스토리닷

나마스떼!

아샤가 네팔에 왔을 때가 생각납니다. SNS로만 소통하다 2013년
1월 겨울, 공항에 꽃목걸이(말라)를 준비하여 나갔고 거의 2시간
을 기다려서야 만날 수 있었습니다. 아샤와 마야는 깊은 미소를
보여주며 제 앞에 나타났고 말라를 목에 걸어주어 환영한 다음 든
생각은 '이런 분들이 이렇게 힘든 나라에서 어떻게 2년을 일할 수
있을까?'였습니다.

저는 16살 때 포터 일부터 시작하여 가이드를 거쳐 현재 맵
네팔이라는 여행사의 대표가 되었습니다. 아샤랑 함께 일하는 동
안 저도 몰랐던 네팔의 여러 인권단체 및 사회적기업들을 만나게
되었습니다. 아샤는 네팔 삶이 어려웠을 텐데 한번도 어렵다고 이
야기 하지 않았습니다. 네팔에 온 지 한달 만에 먼지로 눈에서 계
속 눈물이 흐르고, 각종 벌레들로 몸이 간지러워 계속 긁으면서
일하는 모습을 보며 마음이 안 좋았습니다.

아샤는 그 어떤 분들보다 네팔문화, 역사, 종교, 사람에 대해
많은 이해가 있었고 오지 산간마을에 가서도 아무 불만 없이 네팔

사람들과 잘 어울렸던 친구입니다. 어려움 속에서도 항상 웃으면서 일하고 네팔 어디를 가던 그곳에 대한 관심을 가지고 항상 배우려고 했습니다. 이젠 잊을 수 없는 더없이 좋은 저의 친구입니다.

이 책은 네팔에 대한 다른 어떤 책 보다 더 생생한 정보를 제공할 좋은 책이라 믿습니다. 네팔에 대한 다음번 책도 기대됩니다.

— 벅터 람 라미차네 (맵네팔 대표)

'네팔 깔때기.' 저자와 그의 동료들은 자신을 그렇게 불렀다. 2014년 떠난 네팔 여행에서 만났을 때도, 얼마 뒤 대지진으로 무너진 네팔 곳곳을 복구하는 프로젝트를 진행할 때도, 스스로를 농담 삼아 '네팔에서 못 벗어나는 네팔 깔때기들'이라 부르며 웃고 있었다. 농담처럼 말했지만 내 귀에는 농담으로 들리지 않았다. 그저 국제개발을 업으로 삼은 사람의 일로써 네팔을 바라보는 것이 아니라, 눈빛과 목소리 가득 네팔 땅과 사람들을 향한 애정이 느껴졌으니까. 커다란 주둥이에 어떻게 집어넣어도 한 곳으로 모아주는 깔때기처럼, 그들은 어디서 무엇을 보고 만나든 결국 그 모든 마음이 네팔로 향하는 사람들이었다.

네팔을 찾은 여행자로서 '네팔 깔때기'들을 만난 것은 큰 행운이었다. 이들이 소개해준 덕분에 산속 깊은 따망족 마을에 묵으며 관광지가 아닌 진짜 네팔 사람들을 눈과 마음에 담을 수 있었다. 또 네팔사람들의 '진짜 삶'을 개선해 나가기 위한 현장들, 이를 위해 고군분투하고 있는 사람들도 만날 수 있었다. 한국에 돌아와 짧지만 인상적이었던 네팔 여행을 글로 남겼고, 그 글을 본 누군가가 또 여행을 떠나 이 '네팔 깔때기'들을 만나는 일도 생겼다. 지금도 가끔, 서울 하늘 아래서 눈을 감으면 설산과 함께 웃고 있는 네팔 사람들의 얼굴이 떠오를 때가 있다.

네팔과의 인연은 엉뚱한 곳에서 다시 이어졌다. 몸담고 있는 프로그램에서 네팔을 다룬 것이다. 신비로운 풍광과 사람들의 웃음이 빛나는 네팔은 방송 카메라에게도 매력적인 곳이기에 자연스러운 일이었다. 나도 촬영을 위해 다시 찾은 네팔이 반가웠고, 방송을 본 시청자들 역시 네팔의 매력에 감탄했다는 반응을 만날 수 있었다. 하지만 아쉬운 마음 또한 숨길 수 없었다. 방송에 나간 네팔은 내가 여행에서 만난 네팔의 매력에 한참 못 미쳤다. '저게 다가 아닌데. 훨씬 더 많은 얘깃거리가 있는데. 더 멋진 이야기를 만날 수 있는데.' 내 눈에는 실제 방송보다 카메라에 담기지 못한 더 큰 네팔이 자꾸 아른거렸다.

　그리고 그 아쉬움을 달래듯 이 책이 나왔다. '네팔 깔때기'가 들려주는 네팔 이야기. 네팔어의 단어 하나하나 속에서 아름다움을 발견하고, 네팔 사람들의 문화 속에서 조용히 온기를 찾아내는 저자의 시선이 고스란히 담겨 있다. 고작 며칠 몇 주 네팔을 둘러보고 와서 쓴 가벼운 여행기가 아니라, 늘 네팔을 그리워하고 그 속에서 함께 고민을 나눈 사람이 쓴 진짜 네팔 이야기. 그만큼 단단한 밀도로 꽉 차있다. 짧은 여행에서 내가 보고 느꼈던 것들, 저자와 가끔 만나 들었던 이야기들은 비교도 안될 만큼 이렇게나 많은 경험들이 쌓여 빛나고 있었다.

　누군가의 네팔 여행기, 혹은 TV에서 만난 아름다운 네팔에 매력을 느꼈던 사람이라면 이 책을 읽어보면 좋겠다. 아주 살짝

맛만 봤던 네팔의 조각들이 이리저리 맞추어져 크고 빛나는 그림을 볼 수 있게 해줄 테니까. 나도 책을 읽으며 생각했다. 촬영을 하며 느낀 아쉬움을 채우기 위해서라도 여행자로서, 친구로서 여전히 아름다운 네팔을 다시 찾아야겠다고.

— 권성민(MBC 예능PD)

2015년 네팔에 강도 8이 넘는 큰 지진이 있었다. 단 몇 분만에 낡은 목조건물과 흙 벽돌 집이 일순간 무너지고, 온 나라에서 1만명이 넘는 사람이 목숨을 잃었다. 이후 이어진 복구현장에서 나는 잊지 못할 장면을 마주했다. 다 무너진 폐허를 등 뒤로 할머니 한 분이 지진현장을 취재하러 온 서양인 기자의 손을 잡아 끈다. "나를 찾아온 손님은 모두 신(God)이야. 우리 집에 가서 찌아 한잔 합시다." 지진으로 모든 것을 잃었다고 하면서도, 차 한잔 권하는 네팔인들 앞에서, 삶이란 얼마나 끈질기고 위대한 것인지.

서윤미(아샤)는 그런 네팔인들과 어울려 오랜 시간을 살아냈다. 수백의 개발 NGO가 저마다의 이름으로 개발 프로젝트를 진행하며 우리가 이해하기 어려운 그들의 삶을, 우리가 이해할 수 있는 삶으로 바꾸기 위해 애쓰는 네팔. 그 가운데서 서윤미는 '함께 살아가는 일'을 잊지 않았다. 영혼의 친구 '미뜨니'를 찾기 위해 수 시간을 걸어 산 위의 베뜨니 마을을 오른다던지, 신두팔촉의 커피 마을을 찾아가서는 할머니, 할아버지를 찾아 온 손녀딸처럼 재롱을 떤다던지. 네팔의 문화예술인들과 교류하며 한 사회의 속살과 교감하고, 때론 느리게만 흐르는 네팔의 시간을 탓하며 클럽죽순이를 자처하기도 했다.

누군가는 한때 경험이라 말 할 수 있겠지만, 서윤미는 그 경험을 단단히 하고자 이 책 한 권을 남기고, 2017년 다시 긴 네팔살이에 들어갔다. 직업이 여행가인 서윤미가 눌러 앉는 사람이 되기 위해 네팔로 돌아갔다. 듣기만 해도 흥미롭다. 이 책을 집어 든 모두가 그런 '매력덩어리' 네팔을 찾아내길 바란다.

— 한수정 ((재)아름다운커피 사무처장)

2015년 네팔은 대지진으로 큰 상처를 입었다. 전 세계에서 지진 복구를 위해 힘을 모았고, 2016년 한국에서 '네팔은 여전히 아름답다'라는 캠페인이 시작되었다. 그 때 서윤미 작가를 만났다.

그녀는 지진의 피해가 가장 컸던 랑탕 지역에 처음으로 등장한 여성 트레킹 팀의 리더였다. 이 책에는 내가 그녀에게서 느낀 따뜻한 마음이 그대로 담겨있다. 서윤미 작가의 용기, 그리고 네팔이라는 나라와 그 안의 사람들에 대한 애정이 듬뿍 담겨있다. 우리가 함께 외쳤던 캠페인의 구호처럼 '네팔은 여전히 아름답다'라는 것을 여실히 느끼게 한다.

가슴 따뜻한 보통 네팔 사람들의 이야기를 통해 감동과 희망을 전한다. 마지막 책장을 덮으며 가슴이 뭉클해졌고 서윤미 작가의 네팔 이름인 '아샤(희망)'처럼 희망을 보았다.

— 수잔 샤키야 (방송인)

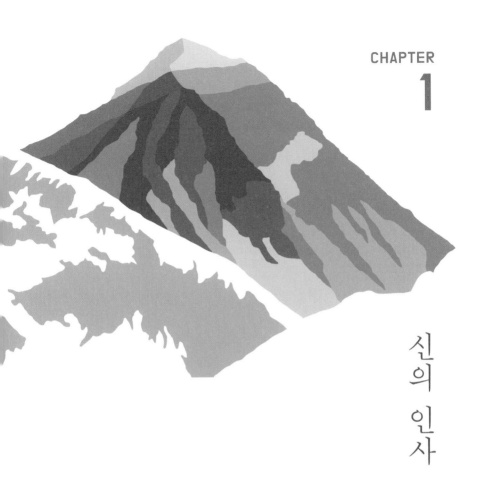

신의 인사

2069년 10월 3일,
겨울에 착륙하다

🌑 🌟 　　　　　서양력으로는 2013년 1월 16일이었다. 출장으로 한 번 왔던 네팔의 겨울에 비행기가 착륙했다. 히말라야 산자락의 바람으로 손끝이 오들오들 쪼그라들었다. 바람과 함께 붉은 벽돌의 복도, 바람에 실려 오는 향 냄새, 아수라장의 컨테이너 벨트 위 만신창이가 된 박스들을 겨우 지나 밖으로 나오니 더 가관이다.

　　그 때 '나마스떼'라며 말라(금잔화를 엮어 만든 꽃 목걸이)를 걸어주며 마중 나온 아저씨는 한국에서 이주 노동을 하고 네팔로 돌아온 벅터 씨와 부펜드라 씨였다. 자기 택시에 태우려는 네팔 다이(나보다 나이 많은 남자를 부르는 오빠, 아저씨 같은 느낌의 단어)들에게 정신줄을 놓고 그 택시에 타기 직전에 만난 구세주 같은 아저씨들은 내 짐을 옮겨 주셨고, 그렇게 공항을 빠져나와 숙소로 향했다. 가방을 내린 곳은 방콕의 카오산로드 같은 배낭 여행자들의 거리인 타멜Thamel, 내 게스트 하우스였다.

1년이 될 지, 2년이 될지 모를 네팔살이를 위해 싸온 가방을 얼마나 있을지 모를 게스트 하우스에 풀고 아저씨들을 따라 네팔의 주식인 달밧(달은 다양한 콩으로 만든 국 같은 것이며, 밧은 쌀밥을 뜻한다. 콩국과 쌀밥 주위로는 커리와 향신료에 볶은 다양한 야채와 감자들이 있다)을 먹고 에베레스트 맥주 한 잔을 하니 정말 네팔에 온 듯했다. 아니, 그렇게 하고 숙소로 돌아오니 '여기가 한국이 아니라 진짜 네팔이구나'하고 뼈저리게 느껴졌다. 지금은 건기인 겨울이라 전기는 하루 12~14시간씩도 안 들어온다고 했다. 내가 묵는 하루 5~6천 원짜리 게스트 하우스는 태양열로 물을 데우고 있었고, 그마저도 누군가 다른 방 손님이 먼저 쓰면 영락없이 찬물로 몸 언저리만 축여야 했다. 그 때 들리는 비명소리! 두려움에 떨며 씻고 있는데 옆방 서양여자의 찬물샤워 비명소리는 마치 한방에 있는 듯한 느낌이 들었다. 대충 씻고 나와 어두컴컴한 침대에 누웠다. 전기가 들어올 때 인버터로 전기를 충전해 두었다가 전기가 나간 시간에는 약한 불 하나만 겨우 켤 수 있었다. 순간 과거로 온 기분이었지만 네팔은 지금 2069년이란다. 길거리에는 최신 전자기기와 패션을 겸비한 동서양의 여행객들로 붐비고 근처 라이브 클럽에서 들려오는 노래는 1980년대의 레드 핫 칠리 페퍼스와 현재의 아델을 오간다. 과거와 현재가 공존하고 시골스러우면서도 국제적인 네팔의 수도 카트만두에서의 첫날밤이 지나간다.

아샤,
다시 희망

❀ ❀　　　　　　　　뻐근한 몸을 일으켜 어제 뵈었던 아저씨들 중 벅터 씨와 역시 한국에서 일하고 돌아와 다양한 활동을 하고 계시는 쉬디 씨를 뵙고 인사한 후 여행자 거리 타멜에서 이어지는 현지인들의 큰 시장인 어선시장을 걸었다. 거리 곳곳에 있는 힌두교의 다양한 크고 작은 사원 주변으로 네팔사람들이 꽃을 놓고, 쌀을 뿌리고, 티카라고 빨간 염료를 찍는 종교적 표식을 행하는 모습을 볼 수 있었다.

　　아침 식사 전에 신께 인사를 드리며 기도를 드리기 위해 뿌자Puja를 하는 것이라 했다. 네팔 사람들이 물 마시 듯 마신다는 찌아(인도에서는 짜이, 미얀마에서는 럿페예라고 부르는 밀크티. 정확히 '두찌아'라고 해야 네팔에서는 밀크티이며, 우유가 들어가지 않은 홍차에 설탕을 타서 마시는 찌아는 '깔루찌아'라고 부른다) 한 잔에 얼었던 몸을 녹여주며 달콤한 휴식을 선사해주는 느낌이었다.

우리 회의에는 찌아가 빠질 수 없었다. 나는 네팔에 여행하러 온 게 아니었다. 네팔에 오기 전 4년 정도 공정여행(여행자들이 소비하는 돈이 여행지의 지역경제에 도움이 되며, 좀 더 친환경적으로, 여행지의 사회와 문화를 존중하며 관계 맺는 여행을 지향하는 지속가능한 여행) 관련 회사에서 일하면서 여행이라는 매개로 아시아 지역을 만나는 일을 했었다. 출장으로 아시아 여러 나라를 다니면서 다양한 민족과 문화를 만났다. 그렇게 왔다 갔다 하다 보니 한 나라에 살면서 그 나라를 느껴보고 싶은 생각이 들었던 참에 좋은 기회로 네팔에 '일하러' 오게 된 것이다. 아저씨들이 회의를 하다가 네팔 이름을 지어주신다고 했다.

"저 방글라데시 친구가 지어준 이름 있는데. 아샤ASHA라는 이름이에요."

"아샤라는 이름은 네팔에도 있어요!"

"그래요? 아샤는 '희망'이라는 뜻이랬어요."

"네팔에서도 똑같은 뜻이에요. 희망!"

그렇게 내 이름은 다시 아샤가 되었다. 나랑 같이 네팔에 일하러 온 언니는 '마야Maya'라는 이름을 얻었다. 마야는 사랑이라는 뜻이랬다. 아샤와 마야. 그날부터 언니와 나는 아저씨 둘과 두 달간 추운 게스트 하우스에서 짐도 못 풀고 버티며 카페 및 사무실로 사용할 건물을 구하러 다녔다. 여행자인 듯 여행자가 아닌 채로 여행자들이 득실거리는 타멜. 그날 밤도 근처 라이브 클럽에서는 레드 핫 칠리 페퍼스의 노래가 흘러나왔다. 이불 끝을 코 밑까지 끌어올렸다. 그 땐 몰랐다. 똑같은 노래를 두 달 아니 내가 네팔에서 머물렀던 기간 내내 듣게 될 줄을 말이다.

할아버지의 이름과
아버지의 눈 색깔

❀ ❀ 　　　　　　　　　 네팔 히말라야 트레킹은 누구
나 한번쯤은 생각해보는 버킷리스트일 것이다. 2년 전 일주일 정
도 출장 왔던 인연밖에 없는 네팔이지만, 인도여행과 방글라데시
친구들 덕분에 서남아시아 문화권에는 익숙해져 있었다. 하지만
하루에도 몇 번씩 새롭게 만나게 되는 네팔은 신기했다. 최근에야
한두 군데 생겼다고는 하지만 한국처럼 일반적인 부동산이 없는
네팔은 집이나 사무실을 구하려면 발품을 엄청 팔아야 했다. 지
나가다가 건물에 '투-렛(To-Let)'이라고 쓰여 있으면 임대한다는
뜻이기에 그 때마다 들어가서 물어야 했고 외국인이 같이 가는 순
간 가격은 배로 올랐다. 네팔 여성들의 수공예품 가게와 카페 그
리고 여행사 등의 사무실로 쓸 건물을 찾고 있었기에 위치도 중요
했지만 실내의 동선과 규모도 중요했다. 하루 종일 먼지를 뒤집어
쓰고 쉬디 씨와 벅터 씨 오토바이 뒤에 각각 나눠 타고 카트만두
전역을 뒤졌다.

네팔의 수도인 카트만두는 크게 바그마띠강을 중심으로 강남과 강북으로 나뉜다. 신성한 바그마띠강이 지금은 쓰레기 강이 되었지만 예전에는 수영도 할 정도로 매우 깨끗했다고 한다. 강북은 대사관과 고급호텔들이 모여 있는 라짐팟Lazimpat과 여행자들의 거리인 타멜Thamel을 중심으로 볼 수 있고, 강남은 고대 랄릿푸르 왕국이었던 현재의 파탄 지역과 UN 등 국제기구에서 일하는 사람들의 거주지역이 많은 잠시켈과 사네파 지역을 중심으로 볼 수 있다고 했다. 몇 날 며칠을 그렇게 사무실을 찾는 일과 카페에 쓰일 기자재의 가격을 조사하는 일로 보냈다.

네팔의 대형마트 체인점인 '바뜨바뜨니'에서 온갖 가전제품들의 가격을 조사하고 허기진 배를 채우러 앞에 있는 식당에 들어가서 주문을 하려고 하니 주문받는 분들이 말은 안 하시고, 주문서를 내밀더니 메뉴를 적으라는 동작을 취한다. 알고 보니 청각장애인분들을 고용해서 운영하는 레스토랑이었다. 식당 벽에는 수화를 사용할 수 있고 청각장애인분들이 주문을 받을 때 어떻게 하라는 안내문이 있다. 이 베이커리 카페The Bakery Cafe www.thebakerycafe.com.np는 1991년 네팔에 처음으로 패스트푸드를 소개한 곳으로 현재는 카트만두에 9개 정도의 지점을 가지고 있다. 메뉴도 다양하고 의미도 있어 이후 가끔 찾게 되었다.

허기진 배를 채우고 나서 중요한 일을 깜빡한 게 생각났다. 네팔에서는 하루에 중요한 일을 하나 정도 할 수 있다. 아직 적응도 안 됐거니와 정신없는 오토바이와 뚝뚝이, 택시 사이로 신호등도 없는 차도를 건너는 것은 최고조의 긴장감과 스트레스를 가져왔다. 이동하는 것은 쉽게 피로감을 몰고 왔고, 한국처럼 방안에서 휴대폰으로 모든 물건을 감상하고 주문할 수 있는 것과 달리 가게를 일일이 찾아가서 내가 원하는 게 있는지 없는지 확인하고 그나마도 있으면 다행이었지만 없으면 언제 올지 모를 물건을 기다려야 했다. 그렇다 보니 하루에 하나라도 일을 잘 마치면 다행이었다.

이날은 은행 통장을 개설해야 했다. 역시나 은행계좌 하나 여는 것도 쉽지 않다. 왜 필요한지 모를 정보들을 기입해야 하는 것이 거의 시험지 수준이었다. 아버지의 눈 색깔이 무엇이냐는 질문과 할아버지 이름을 쓰는 질문은 당황스러웠다. 웃지 못 할 질문에 나도 가볍게 아버지의 눈 색깔이 파란색이라고 써버렸다. 질문의 끝은 내가 현재 사는 곳의 약도를 그리라는 것이었다. 미술과 가사 시간이 제일 싫었던 나는 당황스러웠다. 그래도 최대한 성의껏 유치원생 수준으로 약도를 그려 제출하니 작게 찢은 종이에다가 수기로 숫자 몇 개를 적어서 건네준다. 이게 뭐냐고 물으니 계좌번호란다. 통장 같은 건 없냐고 물으니 통장은 없고, 인터넷으로 거래내역을 보란다. 인터넷 아이디를 달라고 하니 일주일 뒤에 오라고 한다. 오늘도 기운이 쪽 빠진 채로 너덜너덜 게스트하우스로 돌아왔다.

넌 도대체
직업이 몇 개니?

❃　❃　　　　　　　내가 네팔에서 처음 1년 동안 맡게 된
일은 여행 관련 프로젝트였다. 이주 노동을 다녀온 분들과 공정
여행에 대한 공부를 같이 하고, 가이드로서 재미나고 의미 있는
여행을 기획해 보는 일이었다. 잔뜩 꿈에 부풀어 네팔에 오기 전
부터 네팔여행에 관련된 자료를 찾아보고 네팔 관련된 일을 하는
사람을 만나보기도 했다. 내가 네팔을 조금이나마 더 자세히, 조
금은 다른 방식으로 볼 수 있었던 것은 여행 프로젝트를 맡게 된
게 큰 이유일 것이다. 여행을 기획하기 위해서는 네팔의 다양한
민족, 문화, 종교를 깊게 알아야 했고 나의 네팔살이는 그런 곳들
을 구석구석 찾아다니는 일로 시작됐다. 나에겐 큰 행운이었다.
사무실 찾는 것과 동시에 일도 하면서 네팔에 적응해가고 있었다.
　　오늘은 마운틴 메루 트렉Mountain Meru Trek이란 여행사를 운
영하는 마단Madan이라는 청년을 만나기로 했다. 현재 31살인 마단
은 22살 때 본인의 여행사를 동생과 같이 시작했다. 처음에는 영

어가 가능한 스페인 여행팀을 주요 고객으로 삼다가 스페인어를 본격적으로 배우고 동생인 수만은 아예 장학생으로 바르셀로나에서 2년간 공부까지 하고 와서 합류했다. 스페인 여행팀 이외에도 도보여행자들Padyatriz이라는 사이트를 운영하며 네팔인들의 하루 투어 프로그램을 운영한다. 영어와 스페인어 2개 국어를 하고 사업 수완도 좋은 이 형제는 미국인 친구와 함께 트렉 투 티치Trek To Teach trektoteach.org라는 단체까지 설립했다. 이 단체는 트레킹을 하면서 본 네팔 산간지역 학교들의 아이들에게 외국인 자원봉사자들이 와서 영어를 가르치는 프로그램을 운영하고 있다. 이 프로그램을 연 계기는 아이들이 학교 가는 길이 너무 멀고 선생님이 없는 아이들에게 배움의 기회를 제공하고 싶었기 때문이라고 한다. 이 프로그램을 지원하는 자원활동가는 최소 3개월은 거주해야 하는 원칙이 있단다. 듣고 있자니 22살이라는 어린 나이에 2개 국어에 NGO까지 운영하는 이 형제가 너무 놀라웠다.

하지만 네팔에는 여행사 프리랜서로 일하면서 각종 NGO에서 투잡은 물론 쓰리잡을 하는 네팔 청년이 매우 많다는 것을 알게 되었다. 인도와 중국이라는 강대국 사이에 낀 인구 3천만 명의 작은 내륙국가 네팔, 위로는 히말라야 산맥 때문에 모든 물자는 인도 캘커타항을 통해 육로로 이동된다. 그렇다 보니 전기도 부족한 이 나라에서 기름, 가스 등의 물자는 인도의 영향 아래 있어 제조업 기반이 약하다. 전기가 나가면 발전기를 돌려야 하고 발전기를 돌리려면 기름이 필요하고 기름을 인도에서 끊어버리면 겨울철 기름값은 2~3배로 치솟는다. 인구의 70퍼센트가 농업에 종사하지만 농업 생산성이 낮아 농업은 GDP의 30퍼센트 초반대이다. 네팔의 유일한 국제공항인 트리부반 국제공항에는 매일 똑같은 모자와 잠바를 입은 젊은 네팔 청년들이 줄을 지어 서있다. 모두 인도, 말레이시아, 카타르 등으로 이주 노동을 떠나려는 이들이다.

매일 1500여 명의 네팔인들이 이주 노동을 떠나며 매일 3명씩 죽어서 돌아오고 있다고 한다. 그 날 공항에서 누군가 울고 있으면 공항에 죽은 이주 노동자의 관이 들어오는 날이라 했다. 이주 노동자가 해외에서 송금하는 금액은 공식적으로 잡히는 통계만 해도 GDP의 30퍼센트대 초반에 맞먹는다. 그렇다 보니 네팔 내에서는 히말라야라는 관광자원을 통해 일을 하는 서비스업 종사자가 매우 많으며 관광은 GDP의 4~5퍼센트대를 차지한다. 마단과 함께 일하는 젊은 직원들도 물어보니 다들 기본 2~3개씩의 NGO와 연관되어 있었다. 네팔은 1996년부터 10년 동안 왕정과 마오이스트 간 내전이 있었고, 내전이 종식된 후 NGO가 급증하며 4만 개에 이른다고 한다. 인구 3천만 명의 나라에 NGO가 4만 개이다. 천 명이 안 되는 인구당 1개의 NGO가 있는 셈이다. 이정도 되면 복지국가가 아닌가 싶지만 현실은 여전히 어렵다.

마단의 부인은 결혼 후 포르투칼에서 요리사로 이주 노동 중이었고, 동생 수만도 졸업 이후 결국 돈을 벌기 위해 관광가이드로 이주 노동을 떠났다가 네팔로 다시 돌아와 여자 친구와 결혼을 했다. 이 형제의 모습은 네팔 젊은 청년들의 힘겨운 삶을 집약적으로 보여주었다.

힌두교의 성지
바그마띠강

🌸 ✳   인도와 네팔은 힌두교의 나라
이다. 네팔은 원래 40여 개가 넘는 다른 민족의 토후국들이 통일
된 나라이다. 그렇다 보니 50개, 혹자는 100개의 민족과 언어가
있다고 한다. 아리안 계통의 민족들은 힌두교가 많지만 한국 사람
처럼 생긴 몽골리안 계통의 민족은 티베트 불교뿐만 아니라 토속
신앙도 같이 믿는다. 그렇다 보니 힌두교가 80퍼센트인 국가지만
세속주의로 힌두교가 국교는 아니다. 인도와 네팔 친구들이 나에
게 묻는다. 너의 종교는 무엇이냐고. 내가 종교가 없다고 하면 갸
우뚱거린다. 하물며 길에 있는 돌멩이도 신이라고 한다. 힌두교가
사회문화적으로 나라에 미치는 영향은 크다. 카스트 제도부터 신
에 대한 의식과 축제까지 말이다.

    인도 바라나시 지역의 갠지스 강가에 앉아 시체 태우는 것을
본 적이 있다. 하루 종일 하얀 천을 덮은 시체가 옮겨지고 시체 태
우는 연기가 피어오른다. 한 2시간 정도 그 앞에 앉아 하나의 시

체가 태워지는 것을 보며 시체의 잔해가 흘러들어가는 갠지스강에서 목욕을 하고 빨래를 하는 인도인을 보게 된다. 힌두교인들은 죽어서 자신들이 신성시하는 강으로 돌아가길 원한다. 그렇게 해야 제대로 다음 생에 다시 환생할 수 있다고 믿는다. 네팔인들도 조그마한 강만 있어도 시체를 태운다.

인도 갠지스강의 발원지로 인도인들이 성지로 여기는 강이 바로 앞에서 말한 바그마티강Bagmati River이다. 이곳은 네팔 트리부반 공항에서 가장 가까운 세계 문화유산 관광지이기도 하다. 네팔은 부처님이 태어나신 룸비니로 불교 성지순례를 많이 오는 곳이지만 힌두교인들은 바그마티강에서 몸을 씻는 것이 소원이고 그곳에 재가 뿌려지길 원한다. 인도인들은 성지를 찾아 바그마티강으로 부러 오기도 하고 그런 인도인들을 위한 숙소가 따로 마련되기도 한다. 돈이 있는 부자들이나 상류층 계급은 바그마띠강에 비싼 돈을 내고 시체를 태우지만 그렇지 않은 서민들은 동네 강을 이용한다. 건기와 우기로 나뉘는 네팔의 기후에 한창 건기인 지금은 물도 말라 쓰레기와 시체 잔해가 뒤섞이고 악취도 심해진다.

카트만두 계곡 북쪽 언덕에서 발원한 이 강은 파슈파티나트 힌두사원을 비롯해 카트만두를 포함해 말라왕조의 주요 3개 왕국이었던 파탄(고대 랄릿푸르 왕국), 박타푸르 등 주요 도시들을 가로지르며 네팔인의 종교, 역사, 삶을 품고 흘러온 강이다. 하지만 최근 인구 급증과 산업화, 환경에 대한 인식 부족 등으로 몸을 씻기는커녕 손조차 넣기 힘들 만큼 썩어버린 강이 되었다. 그 썩어버린 강에서 아이들은 위험천만하게 페트병을 주우며 살아가기도 한다. 최근 환경 관련 비정부기구들과 정부는 강을 살리기 위한

노력들을 한다. 하지만 오랫동안 쌓여온 쓰레기와 취약한 기반시
설로 인해 쉽지는 않은 모양이다.

대부분의 관광객들은 공항으로 가기 전 잠시 또는 낮에 파슈
파티나트를 방문한다. 하지만 네팔인들의 이야기는 밤에 시작된
다. 요일마다 기리는 힌두교의 신이 다양하기 때문에 요일에 따라
색다른 모습이 펼쳐진다. 시바신을 기리는 요일 저녁 7시면 파슈
파티나트 황금사원 건너편에서 다채로운 뿌자 의식이 벌어진다.
호기심에 저녁 해가 지고 파슈파티나트에 가봤다. 낮에는 볼 수
없었던 신께 받치는 노래가 울려 퍼지고 모여든 네팔 사람들은 뿌
자 의식이 끝난 후 바그마띠강에 떠내려 보내는 꽃과 각종 음식들
을 보며 강물에 손을 담근다. 그 순간 그 광경과 느낌은 흑백사진
같았다. 어느 책에도 나오지 않는, 그냥 머릿속에 담아야 하는 흑
백사진 같았다. 파슈파티나트는 밤에 가는 게 맞다.

종교적이고 유서 깊은
네와리족 마을 '파나우띠'

밤마다 들리는 라이브 음악에 지쳐갈 때쯤 잠시나마 조용한 곳으로 발걸음을 옮기고 싶었다. 수도 카트만두에서 남동쪽으로 32km 정도 떨어진 파나우띠Panauti라는 마을에서 출발하여 나모 부다Namo Buddha를 거쳐 둘리켈Dhulikhel로 이어지는 걷기 여행을 해보기로 했다. 마단과 수만이 운영하는 네팔인을 대상으로 하는 카트만두 인근 하루 투어 프로그램으로 외국인으로서는 나 혼자 참여했다. 네팔인들은 여행을 어떻게 다니는지 궁금하기도 했고 현지인들 속에서 네팔을 느끼고 싶기도 했다. 버스정류장에 집결하여 시외로 나가는 버스를 다 같이 잡아타고 출발했다. 출발하자마자 전통 악기를 꺼내고서는 전통 네팔 노래를 부르며 장단을 맞추느라 여행자들이 신이 났다. 버스는 공공버스였고 다른 손님들도 있었지만 그 누구 하나 뭐라 하지 않고 그냥 장단에 맞춰 타고 내릴 뿐이었다.

우리 걷기 여행의 출발지점인 파나우띠는 역사적으로 유서 깊은 도시이자 종교적인 네와리족 마을이었다. 한때 네팔과 티베트의 무역로에 위치하여 한창 번영하기도 했던 도시란다. 푼야마타Punyamata강과 로쉬Roshi강 두 개가 만나는 지점에 있으며, 제3의 강인 릴라와띠Lilawati강은 현자의 눈에만 보인다고 한다. 13세기에 지어졌다는, 힌두교의 3대신 중 '파괴의 신'인 시바Shiva신의 사원인 인드레슈와르 마하데브Indreshwar Mahadev는 종교적으로나 역사적으로 중요한 사원이며 보름달이 뜰 때 두 개의 강이 만나는 교차지점에서 목욕하면 좋은 곳으로 갈 수 있다고 한다. 1988년 지진으로 파손되어 프랑스 정부의 지원으로 복원된 곳이기도 하다.

이 마을에서 출발하여 조용한 마을들을 여행자들이 걷는다. 가다 힘들면 다시 악기를 꺼내들고 흥을 돋우고 힘이 나면 다시 걷는다. 파나우띠 초입에서 사온 사모사를 간식으로 꺼내 먹기도 하고 지나는 마을에서 파는 귤을 사 건네기도 한다. 마단과 수만은 핀란드, 스페인에서 관광을 공부했지만 네팔로 다시 돌아와 네팔 청년들과 여행 프로그램을 만들고 네팔 전통악기와 노래로 여행하며 네팔을 느끼게 한다.

힌두사원 앞에 할아버지께서 신발을 가지런히 옆에 벗어두시곤 햇볕 아래에서 조용히 책을 읽고 계시는 모습이 고대의 파나우띠로 돌아간 듯한 느낌이 들었다. 네팔은 카트만두 인근으로 조용하게 하루 정도 다녀올 수 있는 곳이 많다. 그런 곳은 다른 곳과 달리 여행자들이 바삐 움직이면 볼 수 없는 고즈넉한 곳들이다.

살닿고 사는,
사람 냄새가 좋아진다

❁ ❁   네팔의 주요 교통수단 중 하나
인 뚝뚝이는 오토바이 뒤에 작은 칸을 연결하여 10명 정도가 겨우
탄다. 태국의 템포와 비슷하고 필리핀의 지프니보다는 작다. 내가
봐서는 8명이면 알맞은 사이즈인데 네팔 사람들은 어떻게든 무릎
을 포개고 타서 12명을 채워가고 어떤 때는 뒤에 매달려 가기도
한다. 봉고차 크기의 교통수단인 마이크로 버스는 앉을 수 없는
곳까지 엉덩이를 겨우 얹을 좌석을 만들어 맞은편 사람과 무릎을
포개어 앉게 만든다. 무릎과 무릎을 맞대고 서로의 숨결을 느끼며
가야 한다. 민망하게 할아버지 얼굴에 엉덩짝을 들이밀어야 할 때
도 있고 이제 갓 태어난 애기를 안고 탄 젊은 엄마는 애기가 울자
젖을 꺼내어 물린다. 한 날은 뚝뚝이에 할아버지가 염소 4마리를
데리고 타셨다가 내리려고 하는데 염소들이 순순히 따라 내리지
않자 내가 염소 엉덩이를 밀어드린 적도 있다. 마주보기 민망하지
만 나만 그런가 보다. 살닿고 사는, 사람 냄새가 좋아진다.

날씨가 이틀 째 흐리고 밤에 비가 오니 온몸이 으슬으슬 떨린다. 게스트 하우스를 옮겼는데 이번에는 아델과 너바나이다. 레드 핫 칠리 페퍼스를 떠나 옮겼더니 너바나라니. 오랜만에 엄마랑 통화를 했더니 EBS 〈세계테마 기행〉에서 네팔 카트만두가 나와 눈을 뗄 수가 없었다며 내 생각에 잠을 못 이루셨단다. 밤이 찾아왔고 같은 게스트 하우스에 머물고 있던 중국인들이 카운트다운을 한다. 5, 4, 3, 2, 1. 해피뉴이어! 한국의 구정이다. 아무 생각 없었던 구정연휴가 찾아왔고 이제 막 네팔에 온 우리가 안쓰러웠는지 마야 언니와 나를 초대해주신 한국 교민분 덕분에 떡국을 얻어먹을 수 있었다. 그렇게 한국의 구정연휴를 네팔에서 맞았다.

나에게
'미뜨니'가 생기다

🌸 🌸   며칠 전 네팔에서 '번다Strike'가 있었다. 번다는 네팔의 특이한 문화로 정당이 정치적 이유로 번다(네팔어로 문을 닫다는 뜻이다)를 선포하면 모든 상점은 문을 닫고 대중교통 운행도 중단되며 학교도 가지 못한다. 이날도 번다였다. 모든 상점은 문을 닫았고 거리에 다닐 수 있는 차는 오로지 구급차와 관광객을 위한 초록색 간판의 차와 국제기구의 파란색 간판 차량뿐이었다. 간혹 시위대를 피해 영업을 하는 사이클 릭샤도 깃발을 든 몇 명의 시위대에 막혀 걸어야 했다. 2008년 왕정이 종식된 후 합의되지 못한 헌법과 총리선거를 앞두고 번다가 빈번했다(2015년 9월 신헌법이 드디어 공포되었으나 2017년 현재 9개월마다 총리가 바뀌고 있다).

    네팔의 정치는 항상 불안했다. 1996년부터 10년간 있었던 내전의 상처는 네팔 안팎으로 많은 영향을 미쳤다. 10년 동안 관광산업은 멈췄고 많은 이들이 내전을 피해 해외 이주 노동을 떠나기

도 했다. 구르카 용병으로 유명하고 독립 왕국들이 제각각 영향력을 행사하는 네팔왕국을 1769년 하나로 통합한 프리트비 나라얀 샤Prithvi Narayan Shah 왕의 탄생지이기도 한 구르카 지역으로 홈스테이 프로그램 답사를 다녀왔다. 네팔의 수도 카트만두에서 구르카 중심 시내로 4시간, 다시 엉덩이에 불날 것 같은 비포장 도로를 4시간 달려 '타망Tamang' 민족이 주로 거주하는 남키마을과 남키마을 주변으로 산속으로 걸어서만 다녀올 수 있는 '구룽Gurung'족이 거주하는 마털Matthar 마을을 거쳐 '바훈체트리족'이 거주하는 '라미단다Lamidanda' 마을까지 돌았다. 타망족 마을인 남키마을에 도착하니 흡사 한국 사람과 얼굴이 비슷하다. 네팔 사람들은 이름 뒤에 자기 민족을 붙인다. 내 이름이 아샤라서 아샤 타망이라고 하면 타망민족인 아샤인 것이다. 마을 할머니들이 내 얼굴을 보더니 자기네랑 똑같이 생겼다 하신다. 나는 필리핀을 가면 필리핀 사람, 네팔에 가면 네팔 사람이라고 듣는데 그에 익숙했던 터라 장난기가 발동했다.

"디디(나보다 나이가 많은 여성을 부르는 말로, 언니 또는 아주머니 등을 뜻한다), 제 이름은 아샤 타망이에요."

"그래? 타망족이야?"

"네, 아버지가 타망족이고 어머니는 한국인이에요."

"그래? 타망어는 못해?"라며 주변 마을 사람들에게 내가 아샤 타망이라며 웃고 난리가 나셨다.

그 정도로 네팔 민족 중에는 한국인과 외모가 흡사한 민족도 많고 티베트 불교와 토속신앙의 전통과 시골 마을 모습을 보면 한국 느낌이 나는 곳들도 많다. 마을을 둘러보며 인사를 나누고 있는데 한 젊은 여성이 몇몇의 여성과 내 주변으로 오더니 나를 자신의 '미뜨니MITINI'로 지목했다.

"미뜨니요? 그게 뭔데요?"

미뜨니는 여성과 여성사이의 가족과도 같은 소울메이트를 칭하는 말이라고 했다. 처음 본 외국에서 온 나를 자신의 미뜨니로 삼다니. 그렇게 순식간에 나에겐 미뜨니가 생겼다. 나의 미뜨니는 사파나Sapana 타망Tamang이라고 했다. 사파나는 '꿈'이라는 뜻이다. 사파나 옆에는 수줍게 엄마 뒤로 숨은 '디야'라는 예쁜 딸이 서있었다. 사파나는 내 손을 잡아끌더니 자신의 집으로 초대했다. 남편은 프랑스에서 9개월 째 이주 노동 중이라 했다. 남편의 사진을 꺼내 보여주며 집에 있는 커피부터 본인이 손수 뜨개질한 책상 위 깔아두면 좋을 덮개 같은 것을 선물로 건넸다. 말은 잘 통하지 않았지만 서로 웃으며 얼굴만 봐도 서로의 느낌이 전달되는 것 같았다. 이 젊은 여인네에게 나는 어떤 모습이었을까? 마을을 떠나

려고 하는데 뒤에서 할머니 한 분이 손에 흙먼지 묻은 가방을 들고 따라오셨다.

"이거 더러운 게 아니라 먼지가 묻은 거야, 내가 만든 건데 새 가방이니 가져가. 베리 베따울라!"

베리 베따울라는 네팔어로 '다시 만나요'라는 뜻이다. 티베트 불교의 색채와 힌두교 문화가 섞인 타망족의 마을에서 주민들의 자부심이 담긴 노래와 춤 공연을 즐거이 감상하고 굽이굽이 난 산길을 다시 걸었다. 2천 미터가 넘는 높은 산에 계단식 논을 만들고 살아가는 소수민족 마을이 아스라이 펼쳐진다. 이어 도착한 마을은 구룽족의 마을이다. 마을 청년 모임에서 마중을 나와 청년들이 여기저기 마을을 소개해준다. 날이 어두워지자 장작불에 저녁밥이 될 때까지 이 마을에서 TV가 있는 집에 아이, 어른 할 것 없이 모두 모여 힌두교 3대 신 중 하나인 '시바' 신에 대한 드라마를 보느라 정신이 없다. 장작불 앞에 모여 밥을 먹고 피곤한 몸을 누이려는데 마을 청년들이 분주하다.

밤 10시가 다 되어 어두컴컴한 산길을 2시간 건너가 다른 마을 청년들과 저녁 파티를 하고 내일 아침에 다시 온다는 것이다. 첩첩산중의 젊은 청년들에게 다른 마을의 젊은 남녀를 만날 수 있는 이런 기회가 얼마나 기대가 될지 생각하니 분주하게 꽃단장하는 모습이 예뻐 보인다.

카트만두로 돌아오기 전 들른 마지막 마을은 특히 내전 동안 피해가 컸던 마을이라고 한다. 가는 동안 유기농 농장과 주민 센터 건물들이 다 파괴되어 지금은 폐허로 방치되어 있는 모습을 볼 수 있었고 몇몇은 내전 때 집이 불타 마을을 떠나기도 했단다. 3

박 4일 동안 3개 마을을 돌며 정신없는 출장이었는데 너무나 반겨 주시는 마을 주민분들 덕분에 카트만두를 떠나 멀리 떠나온 이 시간과 장소가 너무 비현실적으로 좋았다.

내가 마지막으로 머문 집의 어머니는 연신 나에게서 눈을 떼질 못 하셨다. 처음엔 그냥 외국인에 대한 호기심이라 생각했는데 나의 발걸음 하나, 밥 먹는 손에도 눈길을 떼질 못 하셨다. 네팔의 마을들은 산간지대에 있다. 마을과 마을을 이동하려면 산을 오르락내리락 해야 한다. 1시간 넘게 산을 내려가서 한 마을을 만났는데, 다시 1시간을 올라와 다시 다른 마을로 이동해야 하는 식이었다. 마을을 떠나기 전 마지막 밤이 되니 오랜만에 걸은 내 다리는 퉁퉁 부어 있었다. 몸을 누인 작은 방 벽에는 온갖 연예인 사진들로 도배되어 있었다. 아까부터 나를 보시던 어머니가 방문을 열고 들어오시더니 손에 든 것을 보여주셨다.

난 영문도 모른 채 웃고만 있었고 따라 들어온 벅터 씨가 설명해주시길 이 방은 아주머니 딸이 쓰던 방인데 딸은 지금 시집가고 없다고 했다. 내가 자기 딸과 꼭 닮아 딸 생각이 난다며 손에 유채꽃 기름을 들고 들어오신 것이었다. 걷느라 힘들었을 나를 생각하며 나의 종아리를 자기 쪽으로 끌어당기시더니 유채꽃 기름으로 내 종아리를 문질러 주셨다.

순간 나는 아무 말도 하지 못한 채 왠지 모를 눈물만 흘렸다. 어머니가 나가신 후에도 쉬이 잠이 들기 어려워 밖으로 나오니 찬 공기와 더불어 어둠을 밝히는 산간지역의 별이 총총히 빛난다. 전기가 없는 네팔은 밤에 별이 더 잘 보인다.

구르카 지역은 네팔을 통일한 나라얀 샤 왕의 고향으로도 유명하지만 영국으로 떠나는 구르카 용병으로도 유명한 곳이다. 용맹하다고 알려진 구르카 군인들의 표식인 칼(쿠쿠리칼)과 구르카 맥주는 인기 상품이다. 하지만 영국의 군인이 되기 위해 거쳐야 하는 시험은 혹독하며 다른 나라를 위해 목숨을 걸어왔던 역사는 슬프다. 아직도 연금 때문에 네팔의 많은 젊은 청년들이 시험에 도전한다.

"Who will be a Gurkha"
감독 Kesang Tseten

앵글로-네팔 전쟁 종료 후 200년 동안 영국 용병으로 떠난 네팔 구르카군인이 유명하며 계속 이어져 오고 있다. 매년 1만 명에 달하는 네팔 젊은 청년(17세~21세)들이 지원하지만 다큐에서도 나오듯이 8,000명 지원에 뽑히는 인원은 200명이 안 된다. 3백만 명의 네팔인들이 해외이주 노동을 나가지만 이들에게는 투표권이 없다고 한다. 정치를 바꾸기 위해선 젊은 청년들의 힘이 필요하지만 일자리는 없고 연금으로 가족들을 먹여 살리기 위해 남의 나라 전쟁터로 나간다. 아프가니스탄, 이라크 등으로 테스트를 거치는 젊은이들은 다양한 민족에서 다양한 카스트로 지원한다. 아직까지 계급제도가 남아 있는 네팔에서 카스트와 상관없이 지원 가능한 구루카 용병은 젊은이들에게 매력적이다. 테스트를 기다리는 젊은이들이 노래를 부른다. 죽지 않고 돌아오겠다고. 면접관이 너의 강점과 약점이 뭐냐고 묻자 자신의 약점은 가족이라 대답하는 장면은 마음 아프다. 젊은이들의 가슴팍에는 번호가 새겨지며 번호로 불러지고 몇 단계의 테스트를 거친다.

1차를 통과한 젊은이나 마지막 테스트까지 갔다 최종에서 떨어진 젊은이나 이들이 집에 갈 때 차비로 주어지는 돈은 15,000원 정도이다. 가난을 벗어날 수 있다는, 자신의 목숨의 대가로 가족들을 먹여 살릴 수 있다는 희망이 저만치 멀어지는 순간 15,000원의 돈을 들고 시험장을 떠난다. 가족 대대로 구루카 용병이었다는 젊은이는 아버지에 대한 기억이 좋지 않다. 가끔 와서 매질만 하고 떠나셨던 군인 아버지. 그는 최종에서 떨어졌다. 최종 관문을 통과한 이들은 떠나기 전 영국 엘리자베스 여왕의 사진에 경례를 한다. 제일 어렵다는 도코(네팔식 행낭) 산악구보 장면에선 눈물이 흐른다.

나의 집은
언제?

    ❀ ❀   찾아다닌 건물을 드디어 계약하는 날
이다. 두 달 만이다. 그동안 계약하려고 했다 파기한 곳도 있었고
강남에서 할지, 강북에서 할지를 두고 고민의 연속이었다. 이젠
더 이상 지체할 수가 없거니와 우리의 에너지도 고갈 날 판이었
다. 사무실 청소부터 같이 일할 네팔 직원들의 인터뷰, 규정 정하
기, 오픈식 준비 등으로 바쁜 나날들을 보냈지만 나의 집은 새롭
게 구한 사무실 옆 게스트 하우스로 옮겨졌을 뿐이었다.

    갑자기 천둥번개가 치고 비가 내린다. 30분 정도 내리다 이
내 그치고 햇살이 다시 비추어 라짐팟 근처 동네에 집을 보러 다
녔다. 끝없는 골목들은 나를 자꾸자꾸 빨려 들어가게 하고 어디
론가 다시 이어졌다. 미로 같지만 여기서 저기로 다시 나온다. 미
로 같은 골목이 재미났다. 집 보는 것도 지쳐 마단네 사무실에 놀
러갔다. 마단은 요즘 네팔 경찰들이 피어싱과 문신을 한 청년들을
잡아 단속한다며 이상하다고 구시렁거리고 나는 먼지도 많고 눈

이 아파 죽겠다며 언제 나의 집이 생기냐며 구시렁거렸다. 마단은 언제나 어른스러웠다. "아샤! 모든 일에는 이유가 있어"라고 말하는 마단 앞에서 나는 아무 말도 하지 못했다. 그 때 갑자기 울린 전화기에 모르는 번호가 떴다. 받아 보니 남키마을에서 인연을 맺은 나의 미뜨니 사파나였다. 네팔어가 서툰 나와 그녀는 연신 "잘지내? 잘 지내"라는 말만 반복했다.

마단의 일이 마치길 기다렸다가 마단네 집으로 놀러가 달밧 만드는 것을 배우기로 했다.

"마단, 나 과일 사야 해."

"왜?"

"한국에서는 누구 집에 놀러갈 때 과일이나 음료수 같은 거 사서 가거든. 너희 집에 처음 가는 거니깐 사서 가려고."

나는 마을 앞 입구에서 각종 과일을 사들고 원숭이 사원이라 불리는 티베트 불교사원인 스웸부나트 근처에 있는 부모님이 하신다는 작은 문구사부터 들렀다. 아버지는 조용하시고 수줍어하시는 반면 어머니는 쾌활하고 호탕하셨다. 가게 문을 닫고 오셔야 했기에 마단이 언제나 먼저 들어가서 저녁을 한다고 했다. 인사를 드리고 집에 들어서는 순간 어디에 앉아야 할지 난감했다. 같은 건물에 사는 사람들끼리 쓰는 공용 화장실이 있었고 복도를 중심으로 부모님께서 쓰시는 방 한 칸과 부엌 겸 형제가 같이 쓰는 침대가 있는 방 하나가 있을 뿐이었다. '부엌 한편에 놓인 작은 침대에 마단과 수만이 같이 잔다고?' 나는 침대 한편에 앉아 분주하게 야채를 다듬는 마단을 보며 순간 멍했다. '나는 무엇을 생각한 거지?' 왜 마단네 집이 마냥 좋을 것이라 생각했을까? 순간 내가 너

무 바보 같았다. 이제 막 알기 시작한 네팔의 여러 생활상들을 접하며 '빈곤은 결국 나와 우리의 사고가 만드는 것이며, 그 순간부터 그들은 빈곤해진다'라는 생각을 하게 되었다. 나도 마단을 그렇게 바라보고 있었던 것이다.

　항상 결단력과 의지가 넘치고 모든 일을 잘해나가는 마단을 집 하나로 판단하고 있는 나를 보며 부끄러워 숨고 싶었다. 정신 차리고 마단 옆에 쪼그리고 앉아 열심히 달밧 만드는 법을 배웠다. 돌 위에 토마토와 고추, 깨를 넣고 돌로 으깨서 만드는 '어짜르(우리나라 된장 같은 소스와 김치 역할을 하는 것으로 망고, 무 등의 다양한 재료로 만든다)'는 최고였다. 전기가 부족한 네팔 사람들은 집에 냉장고를 두지 않고 그날그날 필요한 만큼 사다 먹는다. 마단네 부엌에는 이제 막 샀다는 텅빈 냉장고가 놓여 있었다. 네팔 사람들은 압력밥솥에 주로 밥을 한다. 마단은 달밧도 압력밥솥에다 어떻게 맛있게 만드는지 열심히 가르쳐줬다. 부모님이 가게 문을 닫고 오셔서 넷이 부엌 바닥에 둘러앉아 손으로 저녁을 먹었다. 두 번째로 시도한 수저 없이 손으로 먹는 달밧이었다. 네팔 사람들은 손으로 먹어야 더 맛있다고 했다. 국과 밥이 뜨거워서 손을 호호 불어가며 마단이 먹는 것을 눈치껏 따라했다. 배 터지게 먹고 나니 시간이 늦었다. 마단네 어머니는 자고 가라고 하셨지만 다음에 와서 자겠다 말씀드리고 짐을 챙겼다. 네팔은 대중교통이 저녁 8시면 거의 끊긴다. 주요한 곳 이외에는 밤에 다닐 수 있는 교통수단은 오토바이와 택시 밖에 없다. 마단은 오토바이로 다시 나를 숙소로 데려다 주었다. 나에게도 밥 냄새 나는 집이 생겼으면 좋겠다. 언제면 될까?

여기나 저기나
똑같은 정치인

❀ ❀ 밤이 되었는데도 힌두교의 3대 신 중 가장 인기가 많은 시바신의 생일을 기리는 축제인 '시바 라뜨리 (시바의 밤이란 뜻)'는 끝날 기미가 안 보인다. 놀기 좋아하고 대마초를 즐겨했다는 시바신의 생일날이 오늘이다. 시바신의 다른 이름을 부르며 기도한다. 오늘만은 간자(대마)가 나름 합법인 날이라고 했다. 동네 구석구석 대마 냄새가 진동을 한다. 동네 아이들은 쟁반에 꽃, 쌀과 함께 시바신의 사진을 놓고 떼를 지어 다니면서 가게를 돌며 노래를 한다.

"시바신이 추워요. 돈을 주세요."

아이들이 어른들에게 공식적으로 돈을 달라고 할 수 있는 날인 것이다. 길목에서 줄을 양쪽에서 잡고 지나가는 오토바이를 세우며 뒤꽁무니를 따라다닌다. 돈을 안 주고는 못 지나간다. 다음 날 아침 사람들이 갑자기 많이 걸어 다닌다. 정당 간의 장시간 마라톤 회의 결과로 나온 거라며 오전에 갑자기 번다가 시작되었단다. 뉴스에서 속보가 나오면서 오후 1시부터 공식적으로 전 지역 번다를 시작할거라 선포된 후 다들 퇴근을 하고 차가 끊기기 전에 집에 돌아가기 위해 차가 막히기 시작했다. 매연과 뒤숭숭한 공기 속에서 사람들은 우왕좌왕했다. 엎친 데 덮친 격으로 인도에서 기름 값을 올리고 차단한 후 주유소 앞에는 200여 대 정도의 오토바이가 긴 줄을 하루 종일 서있는 모습이 연일 장관이다. 가스도 일주일은 기다려야 살 수 있는 상황이다.

한 술 더 떠 번다를 일주일 동안 하겠다고 예고했다. 오전은 지금이 학생들 시험기간이니 배려 차원에서 낮 12시부터 하겠다고 한다. '거참, 배려심 한 번 깊네.' 어떤 분은 잦은 번다로 인해 아이들이 학교를 갈 수 있는 날이 들쑥날쑥해 아예 인도에 있는 기숙학교로 보냈다고 하셨다. 얼마 되지 않았지만 네팔 사람들이 가지는 정치인과 공무원에 대한 불신은 매우 깊게 느껴졌다. 내전이 끝난 후에도 여전히 나아지지 않는 삶을 살아가며 정당을 떠나 정치인이든 공무원이든 다 똑같다 생각하는 듯했다. 국민을 생각하지 않고 사리사욕을 채우고 부정부패를 일삼는 모습에 한국이나 네팔이나 혼란스럽고 답답한 정치는 마찬가지란 생각이 들었다. 어쩌면 불안정한 삶 속에서 시바신의 생일 같은 축제가 이들에게 더 큰 행복감과 만족감을 줄지 모른다. 아, 시바신이여!Jay Shamboo!

집이라
부를 수 없는 집

❀ ❀　　　　　사무실 위치가 정해졌으니 이제 내가
살 곳을 찾아야 했다. 네팔은 한달치의 월세를 중개해 준 사람에
게 준다고 했다. 이왕이면 내 주변의 네팔 친구들이 받으면 좋겠
단 생각에 마단과 환경운동 하는 네팔 친구 비재이 등에게 SOS를
청했고 흔쾌히 여기저기 집을 보여줬다. 사무실에서 걸어서 10분
정도 밖에 걸리지 않는 곳이었고 가는 길목에 있는 작은 야채과일
가게에 사람들이 북적한 모습을 보니 요리도 못하는 나 역시 뭔
가 빨리 요리하고 싶은 충동에 사로잡혔다. 그런 나에게 동거녀가
생겼다. 함께 일하게 된 지나는 나보다 9살 어렸지만 9살 더 많은
포스를 풍기며 나와 함께 살게 되었다.

'나의 네팔살이는 99퍼센트 그녀와 함께였다'해도 과언이 아
니다. 2달간의 추운 게스트 하우스 떠돌이 생활이 지겨워 빨리 집
을 구하고 싶은 마음에 계약을 했는데 나중에 알고 보니 네팔에는
선택할 수 있는 집들의 옵션이 참 많았다. 물론 월세가 그만큼 차

이가 낫지만 우리는 가구도 없고 전기를 충전해 둘 수 있는 인버터도, 인터넷도 안 되는 집을 구했고 수저부터 장판, 커텐 등 모든 가재 도구들을 스스로 마련해야 했다. 집 치수를 재고 가구거리인 바그바자르로 갔다. 침대, 장판 등을 고르고 계산하고 집으로 돌아오면서 청소할 도구를 샀다. 하지만 물이 나오질 않았다. 지금은 건기라 더 한다고 했다. 9일에 한 번씩 정부에서 주는 물을 위, 아래층과 나눠 쓰니 집을 관리하시는 분이 물을 적절하게 관리중이셨다.

정부물이 떨어지면 물차를 불러다 물을 사서 탱크를 채워야 했고 우물물을 써도 되지만 냄새가 난다고 하셨다. 결국 청소는 포기하고 가구들이 오기만을 기다리니 저 멀리서 70세는 되어 보이시는 할아버지께서 등에 무거운 장판을 짊어지고 오시고 계셨다.

"걸어오셨어요?"

"응, 가구점부터 여기까지 걸어왔지."

나는 순간 할 말을 잃었고 할아버지가 내려놓고 가신 장판을 뜯어보고 경악했다. 우리가 주문한, 그래도 나름 좀 더 비싸게 주고 고른 장판은 온데간데없고 비닐 같은 장판이 온 것이다. 전화로 이야기 해봤자 다시 가져다줄 것도 아니었고 우린 그냥 비닐 같은 장판을 수작업으로 다 깔고 이후 찾아가서 차액을 환불받기로 했다. 끙끙대며 침대까지 조립했다. 인터버가 없어 전기가 들어오지 않는 시간이면 촛불을 찾아 헤맸다. 카트만두는 7개 구역으로 나눠져 전기가 들어오는 시간을 관리했다. 내가 사는 구역에 전기가 언제 들어오는지 확인할 수 있는 애플리케이션이 있어 다운받아 매번 전기가 들어오는 시간을 확인했고 저녁시간에 전기가 들어오는 날이면 환호성을 질렀다. 그렇게 나의 집이 생겼다.

거리의 아이들이
가이드가 되다

❦ ✳   여행자의 거리 타멜은 태국의 카오
산로드처럼 잠시 머물다 즐기고 떠나는 여행객들의 천국이다.
값싼 옷가지와 여행자들을 반기는 클럽과 먹거리, 나에게 타멜
은 소음과 쇼핑 두 가지였다. 그런 타멜을 새롭게 볼 수 있는 투
어 프로그램이 있었다. 호주의 지원을 받는 'Welcome To My
Yard(WTMY)'라는 단체에 빈곤 청소년들과 함께하는 타멜 도보
투어가 있어 참여했다.

시작은 타멜에서 제일 처음 생긴 게스트 하우스인 카트만두
게스트 하우스 앞에서 단체 설명을 듣는 것으로 시작했다. 사회학
을 전공하는 대학생이자 WTMY에서 활동가로 일하는 투어가이
드 수믹과 그 옆에 쫄래쫄래 수줍은 미소로 두 손을 주머니에 푹
찔러넣고 슬리퍼를 신고 나온 알렉스. WTMY는 파슈파티나트 근
처 거리 청소년들에게 주 2회 정도 영어수업도 하고 이들이 경제
적으로 자립할 수 있도록 지원하는 단체이다. 타멜 도보투어 프로

그램은 경제적 자립사업의 일환으로 거리의 청소년들이 투어가이드와 동행하면서 가이드 수업을 받게 하고 여행객의 투어비용 중 일부를 청소년에게 지급하는 프로그램으로 2012년 9월부터 시작했다.

인도에서도 슬럼투어리즘Slum Tourism의 일환으로 비슷하게 거리의 청소년들이 직접 빈곤지역과 도심을 다니면서 가이드 하는 프로그램을 진행하는 살람 발락 트러스트Salaam Baalak Trust가 있었는데 비슷한 목적이었지만 WTMY 프로그램은 빈곤 지역을 돌기보다는 여행자들은 알 수 없는 타멜 골목 구석구석을 다니며 생생한 현지문화를 알려주었다.

매일 다녀 익숙한 거리였는데 갑자기 골목 구석구석으로 들어가 각기 다른 의미를 가진 신의 사원들에 대해서 설명해주었다. 비의 신, 카트만두 밸리를 만든 신부터 티카를 찍는 방법, 더사인

축제 때 제물로 바치는 5가지 동물에 대한 의미, 사원에서 기도하는 방법 등 들으면 들을수록 재미있는 현지인들의 삶의 이야기였다. 특히 치과가 유난히 많은 거리에선 치아의 신이라고 믿는 상징물과 본인의 치아가 아플 때마다 낫게 해달라고 끼워둔 동전들을 보여주며 설명해주는데 자칫하면 그냥 지나쳤을 거리 이야기가 쏟아졌다.

"알렉스는 한국에서 촬영했던 네팔 거리의 아이들에 관한 다큐에도 출연했었어."

"그래? 알렉스 나중에 뭐하고 싶어?"

"지금 밤에는 호텔에서 일을 하며 거기서 자고 있어요. 나중에는 가이드도 되고 싶고 선생님도 되고 싶어요."

"그럼 앞으로 수믹 열심히 따라다니면서 많이 배워! 주머니에 손 집어넣지 말고 단정하게 그리고 자신감 있게! 알았지?"

한 시간 반의 시간이 너무 짧고 아쉽게 지나갔다. 다음에는 3시간짜리 투어 프로그램에 참여해 또 다른 네팔의 이야기를 듣고 싶었다.

마흔다섯 번을 지나
만난 의사

❀　❀　　　　타멜을 떠나오니 타멜거리의 아침식사
가 그리울 때가 있었다. 여행자처럼 즐기는 아침식사 말이다. 집
에서 타멜까지는 걸어서 20분 정도이니 걸을 만 했다. 아침에 일
찍 일어나서 오랜만에 타멜의 유명한 '치쿠사'에서 커피와 무슬리
등을 먹고 어선시장에서 식기류를 사고 집으로 돌아와 가스를 설
치했다. 요즘 사무실은 분주해졌다. 오픈식을 앞두고 초기 세팅을
도와줄 디자이너와 한국의 실무자들 그리고 같이 일하게 될 네팔
직원들이 북적거린다. 커피머신을 주문하고, 판매할 수공예품 물
건을 구입하고, 홈스테이 프로그램이 가능한 마을들을 조사하고,
현지 기관들을 방문하고 그렇게 하루하루 바삐 돌아갔다.

　그렇게 매일을 오토바이를 타고 먼지 휘날리며 돌아다녀서
그런지 눈이 점점 뻑뻑해지고 눈에서 눈물이 쉴 새 없이 흘렀다.
추천을 받아 차를 타고 꽤 멀리 나가 큰 병원에 도착했는데 실습
을 하는 의사가 이리저리 눈을 돌려보라더니 눈물 약을 처방해줬

다. 아무 약국에서나 살 수 있는 눈물 약을. 하긴 내가 큰 눈병도 아닌데 당연한 처방인 것 같아 돌아와 며칠을 보냈는데도 도저히 낫지 않아 아예 안과 전문 큰 병원으로 찾아갔는데 '세상에나 눈병 걸린 사람이 이렇게나 많은가.' 의사가 진료하는 방을 중심으로 커다랗게 벽면마다 작은 의자들이 놓여있었고 거기엔 빼곡히 사람들이 앉아있었다. 나도 진료표를 받고 대충 맨 마지막인 듯하여 앉아있는데 한 사람의 이름이 호명되고 들어갈 때마다 앉아있던 모든 사람이 일어나 동시에 앞자리로 옮겨 앉는 것을 반복하는 것이다. 도대체 내 앞에 몇 명이 있고 그럼 난 도대체 몇 번을 이렇게 일어났다 앉았다 해야 하는 걸까 싶어 세어보니 45명이다. 난 그렇게 45번을 일어났다. 앉았다를 반복하여 결국 의사를 만났고 다시 눈물 약을 처방 받아왔다.

돌아오는 길에 마단네 사무실에 들러 앞으로 한국에서 일하고 돌아온 이주 노동자분들과 여행프로젝트를 하려고 한다고 장황하게 설명하니

"아샤, 한국 다녀온 사람들은 그래도 돈을 많이 벌어 와서 부자야, 이미 돈 많은 사람들만 생각하지 말고 말레이시아나 카타르 같이 돈 못 버는 나라에서 온 사람들이나 다른 쪽도 한번 생각해 봐."

"안 그래도 같이 일하는 벅터 씨가 여성이나 낮은 카스트 청년들을 교육시키는 것도 한 번 생각해보자고 했어. 그 쪽도 한 번 고민해보려고."

"나 다큐멘터리 시사회 표 있는데 같이 갈래?"

"언젠데? 무슨 내용이야?"

"내가 적은 금액을 기부했는데 라이온스클럽에서 아이들을 위한 교육기금 마련 영화시사회를 한다고 초대권을 줬어. 와서 잠깐이라도 기부자로서 이야기를 하라는데 무슨 이야기를 해야 할지 모르겠어. 내일이니깐 같이 가자."

"그래."

다음날 나는 가족 같은 친구가 되어버린 한 네팔 남자를 만났다.

지반 감독과의
만남

❈ ❈　　　　　　다음날 마단을 따라 어느 대학교의 대
강당으로 향했다. 대강당에는 많은 사람들이 모여 있었고 마단은
잠깐 단상에 올라 기부자로서 한마디 했고 곧바로 영화가 상영되
었다. 영화의 제목은 〈In Search of Education〉이었다. 정식 극장
에선 소개되지 않았지만 만들어진 지 꽤 오래된 네팔 서부 산간지
역의 교육현실과 죽음을 감수하고 야살쿰부(동충하초)를 캐러 떠
나는 여정에 대한 다큐였다.

　　영화 속엔 네팔의 다양한 현실이 담겨져 있었다. 생활양식,
음식, 음악, 정치적 상황 등 영화 속에서 볼 수 있는 현실은 또 다
른 여행이 되었다. 접근성과 여러 가지 현실적 이유로 쉽게 접근
하지 못하는 서부 산간지역에서 교육에 관한 영화를 찍은 감독이
궁금했다. 영화가 끝난 후 감독이 단상에 올라 설명을 하는데 멀
리서 봐도 훈훈한 인상이다. 나는 따로 좀 더 이야기를 듣고 싶어
사심 가득한 인터뷰를 요청드렸고 훈남 '지반 바타라이'님께서는

흔쾌히 응해주셨다. 나는 다음날 떨리는 마음으로 감독님 사무실로 찾아뵈었다. 사무실은 우리 사무실에서 걸어서 2분 정도 밖에 걸리지 않는 코앞에 위치하고 있었다.

Asha: 언제부터, 어떻게 이 일을 시작하게 되었는가?
Jiban: 전공은 비즈니스 매니지먼트였다. 하지만 내 직업은 베이스 기타리스트였다. 주로 나라와 관련된 애국심Patriotism 위주의 노래를 하는 밴드였다. 1999년 뮤직비디오를 찍게 되고 카메라를 접하게 되면서 촬영 분야에 관심을 가지게 되어 뛰어들었다. 2002년 공동 작업으로 여행 다큐멘터리를 찍는 일을 하게 되었다. 마낭 지역을 다른 계절마다 찍어 보여주는 것이었고 이 다큐를 위해 네팔 전 지역을 다녔다. 사회적 메시지로 네팔의 문화에 대해서 이야기 하는 여행문화 다큐였고 3년이란 시간이 걸렸다. 2005년 방영되었는데 상업적으로 성공했던 공동 작업 다큐였다. 고향은 포카라인데 공동 다큐 작업 후 2004년 카트만두로 이주하여 본격적으로 내 일을 시작했다. 네팔의 수입원 1위가 해외 이주 노동자들이 보내는 돈이다. 나의 가족도 해외 이주 노동을 원했으나 나는 카메라를 잡았다.

Asha: 〈In Search of Education〉 다큐 작업에 대해 좀 더 설명해 달라. 어떤 계기로 이런 주제에 관심을 가지게 되었는지 궁금하다.
Jiban: 3년이란 시간 동안 네팔 전 지역을 다니면서 지역의

격차를 보게 되었다. 너무 다른 상황에서 교육과 관련된 다큐를 만들어야겠다는 생각을 했고 콘셉트 페이퍼를 천천히 쓰기 시작했다. 그 다큐가 〈In Search of Education〉이다. 2007년 카날리 지역을 방문하여 42일 동안 사전조사를 했다. 처음엔 배낭에 옷을 잔뜩 들고 갔으나 이동하기가 불편해 가지고 온 옷 모두 다 주민들에게 기부하고 한 개의 옷으로 42일 동안 버티다가 온몸에 알레르기가 생겼다. 같이 작업한 카메라맨 비팟 카부키Bipod Kabuki는 역사를 전공한 친구였다. 사전조사 작업이 정말 중요했다. 카메라맨 친구가 네팔의 교육에 관한 역사를 잘 정리해 주었다(다큐를 보면 초반 30분 정도 네팔의 교육에 관한 역사를 정리하는 것으로 할애했다). 사전 조사를 하면서 신문에서 카날리 지역에 대해 자주 보곤 했다. 약과 간단한 치료제가 없어 죽는 사람들이 많았다. 약도 없고 경제적으로도 열악하다는 이야기를 듣고 가기 전 약을 모아 50박스 이상을 챙겨 갔었다. 그 후 다시 돌아와 돈을 벌어 다시 카날리의 다른 지역으로 떠나길 반복한 끝에 3년 2개월 만에 다큐가 완성될 수 있었다.

Asha: 극장에선 상영되고 있지 않던데 일반인들도 DVD로 구매가 가능한가? 어떻게 상영되고 있는가?

Jiban: DVD는 살 수가 없다. 공동체 상영으로 이루어지고 있지만 끝나고 나면 극장과의 계약도 진행할 예정이다. 첫 상영 행사 때 대통령을 초대하겠다는 생각으로 대통령궁을 찾아갔다. 대통령도 농부의 아들이셨다. 어렵게 공부했고 교육이 매우 중요하다는 것을 보여줄 수 있는 상징적 인물이라 생각했고 대통령이기 때문에 네팔의 현실을 봐야 한다고 생각했다. 4개월 동안 대통령 비서와 세 번 미팅을 했다. 어떻게 대통령을 만나겠다는 생각을 했느냐는 답변과 이 다큐가 정치적 문제의 장면들이 있으니 편집한 후 다시 찾아오란 답변만 들었다. 첫 번째도, 두 번째도, 세 번째도 단 한 장면도 편집하지 않고 찾아 갔었다. 결국 대통령을 만나지 못했다. 그러던 중 회원으로 있는 포카라 라이온스클럽에서 공동체 상영을 하자고 해서 포카라에서 상영했다가 큰 반응을 얻었다. 1,300명 가까운 사람들이 관람을 했다. 그 후 카트만두에 돌아와 상징적인 곳을 찾았다. 바로 더르바르Durbar고등학교였다(라니포카리에 있는 더르바르고등학교는 네팔에서 가장 최초로 생긴 영어 학교이자 현대식 학교로 1892년 왕족가족들만을 위해 운영되다가 1902년에 일반시민들에게도 개방되어 운영되고 있다). 학교는 관리가 되지 않아서 더러운 먼지 더미였다. 하지만 나는 전혀 치우지도 않고 그냥 빔프로젝트만 설치해서 정부 관계자와 기자들을 불러 공동체 상영을 진행했다. 2011년이었다. 그 전부터 미디어에서 나의 다큐에 대한 여러 관심을 표명하는 기사를 내보냈기 때문에 많은 기자들과 관계자가 참석했다. 나는 정부 관계자들이 수도 카트만두에 있는 이 최초의 현대식 학교가 어떻게 관리되고 있는지 보길 원했다. 영화 상영 이후 정부 관계자들이 도와주겠다며 연락이 왔지만 나는 이미 영화를 다 찍었고 도움은 필요 없다고 거절했다. 이후 여러 학교들을 돌며 공동체 상영을 이어왔다.

Asha: 야살쿰부 여정에 관한 다큐 〈Himalayan Gold Rush〉를 봤다. 프랑스 사진작가이자 다큐작가인 에릭 발리Eric Valli의 작품인데 똑같은 이야기가 나온다. 매년 눈사태로 인해 많은 사람들이 죽거나 다친다. 〈In Search of Education〉에서도 눈사태에 어린 아이들이 눈 더미 속에서 죽은 채로 발견되는 장면이 나온다. 그 때 직접 거기에 있었던 것인가? 그리고 지금 카날리 마을을 위한 프로젝트가 있는가?

Jiban: 물론 봤다. 야살쿰부 채집은 주요 수입원이다. 하지만 매우 위험한 여정이다. 4,000~6,000미터 고지에서 추운 눈사태의 위험 속에서 안전장비 없이 그냥 아이들을 데리고 여정을 떠난다. 아이들을 놔두고 부모만 갈 수 없으니 어린 아이들도 같이 위험한 길을 떠나게 된다. 가다가 다쳐도 병원에 갈 수도 치료약도 없기 때문에 크게 다치거나 죽게 된다. 눈 산태는 거의 매년 난다. 눈사태가 났다고 들었을 때 난 마을에 있었고 거기까지 가는데 1주일이 걸리는 곳이었다. 그래서 다른 곳에 있던 카메라맨과 구조대원들에게 연락하고 뉴스에서 나오는 것들을 정리했다. 영화에서 보면 9~10학년 여학생들이 노래 부르는 장면을 보았을 것이다. 학생들이 직접 가사를 만들었다. 자막에서도 보았겠지만 가사내용이 "우리는 학교 가고 싶다. 매년 아이들이 야살쿰부를 캐러 가서 죽는다"라는 매우 비극적이고 슬픈 노래이다. 공동체 상영을 할 때마다 사람들이 기부를 해준다. 얼마 전엔 홍콩에서 3천 50달러를 기부해주기도 했다. 네팔 시스템 때문에 직접 NGO 단체를 등록했고 단체를 통해서 기부를 받기도 한다.

Asha: (그의 사무실 곳곳에 네팔 영화 포스터가 있었다.) 이 포스터들은 어떤 영화인가? 직접 찍은 영화들인가?

Jiban: (웃으며) 내가 운영하고 있는 'East channel'도 먹고 살아야 하기 때문에 상업적인 일도 필요하다. 직원들이 7~8명 정도 있다. 2개의 영화 프로모션 마케팅을 준비하고 있는데 〈상구로SSANGURO〉란 영화는 '좁다'라는 의미이다. 네팔의 주거 문화는 한방에서 다 같이 사는 문화이다. 이 영화는 한방에서 시어머니와 함께 살아야 하는 신혼부부의 긴장감과 생활에 대한 이야기이다. 성생활부터 모든 생활을 한방에서 시어머니와 침대 두 개를 두고 살아간다. 그러면서 일어나는 네팔의 리얼 스토리이다. 다른 한 영화는 3개월 뒤 개봉 예정인데 〈두와니Dhuwani〉라는 영화로 '수송, 이동'이란 뜻이다. 네팔에서 여성들을 납치해 인도에 팔아넘기는 일들에 대한 이야기이다. 나중에 극장에서 볼 수 있다.

Asha: 정부의 교육정책도 매우 중요할 것 같다. 네팔 정부의 교육정책에 대해 어떻게 생각하는가? 그리고 이 다큐가 첫 번째 다큐인가? 다른 다큐 작업들은 어떤 것들이 있는가? 그리고 다음 작품에 대한 계획이 있다면 알고 싶다.

Jiban: 정부의 교육정책은 좋다. 하지만 카트만두 책상에 앉아서 짠 정책들이다. 멀리 있는 곳의 상황에 대해선 제대로 파악하고 있지 못하다. 그리고 무엇보다 문제는 '부패'이다. 교육정책에 관한 예산은 충분히 책정된다. 하지만 '부패의 입'이 더 크다는 것이 문제이다. 2008년 첫 솔로 작품으로 휘발유 위기에 대한 단편 다큐를 만들었다. 그 해 첫 번째 단편다큐영화제가 열렸고 상을 받게 되었다. 그 뒤 지구 온난화와 관련된 작품도 만들기도 했다. 또 파슈파티나트 사원에 가면 시체를 태우는 것을 볼 수 있을 것이다. 사원에서 시체 태우는 일을 하는 사람의 이야기를 듣는 3분짜리 짧은 다큐 〈화장터Crematorium〉을 만들기도 했다. (Jiban 감독님께서 본인의 노트북에 있는 3분짜리 다큐영상을 보여주시면서 설명해주셨다.) 주인공은 18년 동안 5,000개의 시체를 태웠다고 한다. 한 달에 20개에서 25개의 시체를 태운다. 여자가 남자보다 30분 먼저 탄다고 한다. 1개의 시체를 태우고 받는 돈은 850루피(한국 돈 9,000원) 정도이다. 한쪽에선 죽은 사람을 애도하는 이들로 넘쳐나지만 이 주인공은 직업이기 때문에 시체가 올 때마다 좋다. 시체 태우는 이가 이야기 하는 장면이 나온다. "삶은 아무것도 아니다"라고. 사회적 이슈에 관심이 많다. 다음 작품은 이번 영화 〈In Search of Education〉 마지막 부분쯤에 가방을 메고 가는 두 명의 남자아이가 나오는 장면이 나온다. 기억나는가? 그 두 명 남자아이에 대한 이야기를 할 계획이다.

인터뷰를 마친 후 우리는 감독님의 친구 몇 명과 함께 근처 식당으로 저녁을 먹으러 가서 좀 더 개인적(?)인 이야기를 나누었다. 내가 네팔에 온지 얼마나 되었는지, 왜 왔는지 등에 대해 이야기하는데 감독님이 너무나 활짝 웃으시며 이야기하셨다.

"아샤, 제 부인도 한국 사람이에요. 지금 애기를 낳으러 한국에 갔고 이제 태어난 지 50일 정도 되었어요. 곧 네팔에 올 건데 100일 파티 때 초대할게요. 부인이 네팔에 친구가 없는데 같이 잘 지내면 좋을 것 같아요."

"그래요? 꼭 초대해주세요."

이렇게 나의 사심은 급격히 종료되었지만 이후 지반네 가족은 나의 네팔살이에서 없어선 안 될 존재가 되었다.

네팔에 없는
바다 같은 존재가 되길

❀ ❀   네팔은 가로로 긴 모양의 지형이다. 여행 프로젝트 때문에 하루에도 몇 번씩 지도를 펼쳐놓고 고민한다. 몇 달간 적응하며 부딪히고, 이해 안 가는 일에 화도 나고, 가끔 회피하기도 했고, 새로운 사람을 만나며 즐거워하기도 했던 시간들이 지나고 오늘은 드디어 사무실 개소식을 하는 날이다.

지도상의 카트만두와 라짐팟 그리고 우리 사무실은 참 작은 점에 불과한데 지난 몇 달간 왜 그리도 더 없이 옹졸했나 하는 생각이 밀려온다. 이 일에는 참 많은 사람이 함께 시작했다. 귀환 이주 노동자 관련 활동을 하는 네팔의 아시아인권문화개발포럼AHRCDF부터 공정여행 관련 회사인 '트래블러스맵', 공정무역 관련 '페어트레이드코리아 그루', 외식업 관련 '오요리아시아' 뿐만 아니라 성공회대학교까지 총출동하여 만들어가는 일이었다. 정말 많은 분들이 함께 고민하고 지은 이름이 '네팔사회적기업활성화센터Social Enterprise Activation Center', 줄여서 S.E.A 센터!

　"어랏! 네팔에는 바다가 없잖아요. 씨센터는 네팔에 없는 바다 같은 의미도 줄 수 있는 것 같아요"라며 누군가가 이야기 한다. 5층짜리 하얗고 커다란 건물 1층에는 네팔여성들이 만든 수공예품이나 의류 제품들이 있는 가게와 네팔여성들과 함께하는 카페가 자리를 잡았고, 2층에는 공정여행 상품을 만들고 가이드를 양성을 하는 여행사 사무실이, 3층과 4층에는 디자인아카데미 교실이, 5층에는 교육장이 자리를 잡았다.

　카페와 가게, 디자인아카데미는 '미뜨니'라는 이름으로 브랜드를 정했다. 마을 답사를 다녀오셨던 멤버 중 희신 선생님이 제안한 이름이었는데 매우 적절한 이름이었다. 일의 특성상 네팔여성들과 함께하는 일들이 많았고, 네팔과 한국의 가족과도 같은 관계가 되었으면 좋겠다는 의미에서 '미뜨니'라는 이름은 안성맞춤이었다.

　씨센터에서 나는 처음 1년 동안은 공정여행 프로젝트 코디네이터로, 마지막 1년은 전체를 총괄하는 매니저로 함께했다. 그립다. 씨센터의 네팔직원들과 아침마다 1층에서 퍼져나오던 커피향이.

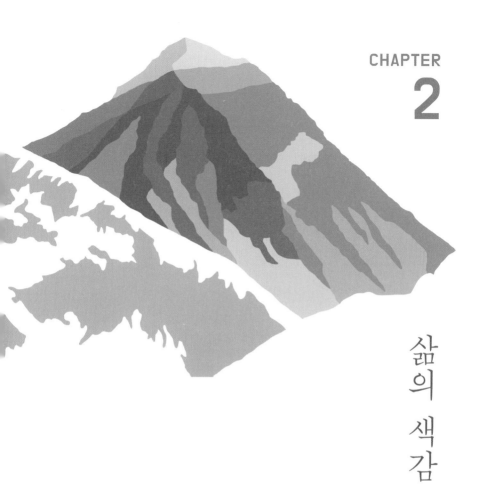

삶의 색감

머물러야 만날 수 있는
고대 왕국 사람들

🪷 🌼 　　　　　 "언니, 힘들 땐 힘들다고 연락해! 알았지? 혼자 또 속으로만 참지 말고, 필요한 거 있으면 말하고….”

　한바탕 울음을 쏟아내고 공항에서 떠나간 심바. 심바는 3개월 동안 공정여행 프로젝트를 같이 준비했던 친구였다. 멍하다. 오픈식이 끝나고 같이 준비했던 한국의 인력들이 우루루 네팔을 빠져나가고 마야 언니와 지나와 나만 남았다. 물론 우리 셋만 있는 건 아니다. 함께 만들어갈 네팔 직원들이 10명 넘게 생겼으니 더 큰 가족이 생긴 셈이다. 네팔 하면 히말라야 산맥과 함께 온통 청정한 자연에서 살 것 같지만 수도인 카트만두는 점점 오염되고 있다.

　하지만 조금만 벗어나면 조용하고 자연과 함께할 수 있는 곳들이 많다. 카트만두에 있으면서 답답할 때는 가방 하나 싸서 근교로 숨 고르기를 하러 떠나곤 했다. 지금의 네팔은 작은 토후국가가 통일된 모습이다. 카트만두 밸리는 예전에 칸티푸르(카트만

두), 랄릿푸르(파탄) 왕국들이 있었던 자리이다.

브래드피트가 나오는 영화 〈리틀 붓다〉의 배경이기도 했던 '박타푸르Bhaktapur'는 카트만두, 파탄과 함께 고대 말라왕조 때 3대 왕국을 이루었던 곳으로 카트만두에서 남동쪽으로 16km 정도 떨어져 있는 곳이다. 마을 전체가 세계문화유산으로 지정된 곳으로 17세기 찬란했던 고대 왕국의 정취가 마을 곳곳에 남아 있는 곳이다. 대부분의 관광객은 낮 시간에 잠시 들렀다 가는 곳이고, 나 또한 두세 번 방문했지만 밤에 머물러 본적은 없었다. 박타푸르는 밤과 새벽시간에 머물러야 진정한 박타푸르의 모습을 볼 수 있다는 이야기를 듣고 박타푸르에서 밤을 보내기로 했다. 얼마 전 만났던 네팔 산간마을에 영어도서관을 지으러 다니는 사진 작가님으로부터 한국분들과 전문 트레킹을 오랫동안 해 오신 가이드 '니마'라는 분을 소개 받아 집에 가게 되었다. 니마 씨의 집이 박타푸르 초입에 있었기 때문이다.

내전 기간 동안 일본에서도 오랫동안 일을 하셨던 셰르파족인 니마 씨와 박타푸르에서 나고 자라셨다는 머거르족 부인 라제소리 씨는 두 분 다 한국 산악인분들과 오랫동안 일을 해서 한국어가 유창했고 이제 네팔에 온 지 반년이 채 안된 나에게 박타푸르에 대해, 또 두 분의 연애 이야기, 민족에 대한 이야기 등을 들려주셨다. 불교를 믿는 셰르파족인 니마 씨와 힌두교를 믿는 머거르족인 라제소리 씨가 들려주는 다양한 민족, 다양한 종교 이야기는 새로웠다. 저녁으로 네팔 주식인 '달밧'도 니마 씨께서 정성스레 만들어주셔서 원래 부인 분께 잘하시냐고 여쭈니 셰르파족은 원래 여성들에게 잘한다며 호탕하게 웃으신다.

　최근 여행자 거리인 타멜에는 하루가 다르게 중국 간판이 늘어나고 있다. 빈 건물을 점점 중국인들이 사들이기 시작했고 니마씨 말로는 파시미나나 야살쿰바(동충하초) 등 네팔의 주요 생산품을 사들이고 가짜를 만들어 다시 네팔에 보급하기 시작했다고 걱정하셨다.

　쓸쓸함을 머금은 채 밤이 어두워져 예약해둔 게스트 하우스로 발걸음을 옮겼다. 어두움이 깊게 깔린 박타푸르 위로 보름달이 고대 왕국을 비춘다. 어스름히 보이는 곳곳에서 어르신들의 삶의 소리가 느껴지는 전통 음악소리와 청년들의 이야기 소리가 들린다. 관광객이 빠져나간 저녁, 집에서 나온 주민들은 밝은 달 아래서 하루를 마무리 한다. 게스트 하우스가 박타푸르에서 가장 높은 30m의 5층 탑으로 지어진 '나타폴라Nyatapola Temple' 옆에 위치해 있어 밤에 웅장하게 서있는 나타폴라를 감상할 수 있었다. 달빛에

비춰진 나타폴라의 모습에 반해 방에 들어가서도 연신 커텐을 젖히고 바라보다 잠이 들었다. 이른 새벽 4시부터 기도를 드리는 주민들의 종소리에 잠을 깼다. 날이 밝아올 때쯤 광장에 나가 그들을 그냥 멍하니 바라보았다.

아침식사를 위해 야채를 파는 사람들, 신전에서 기도를 드리고 티카를 받는 사람들, 옹기종기 모여 신문을 읽는 사람들, 물을 긷고 가게 문을 여는 사람들의 삶의 모습이 눈에 들어온다. 가만히 앉았다 다시 일어나 발걸음을 발 닿는 대로 옮겼다. 그러다 또 앉았다를 반복했다. 골목 골목이 나올 때마다 그냥 들어가니 어쨌든 다시 길로 이어지고 내가 떠난 자리로 돌아왔다. 오늘은 부처님의 탄신일을 기리는 축제 '부다 자얀티Buddha Jayanti'이다. 찬데소리라는 절 앞에는 닭부터 신께 바칠 음식을 든 마을주민 30여 명이 줄을 서 자신의 차례를 기다린다. 골목 골목 풍악이 울리고 긴 행렬이 마을을 돌며 탄신일을 기념한다. 머물러야 보이는 풍경이다. 그대도 함께 머물기를.

그렇게
맞이한 여름

🌸 ❀　　　　　지독하게도 아팠다. 주변에서 모두 강철 체력이라고 네팔에 적합한 체력이라 이구동성으로 이야기 했는데 기침이 끊이질 않아서 정신을 못 차렸다. 그렇게 한 차례 홍역을 치르고 나면 꼭 미역국을 끓여 먹었다. 한국에서 공수해온 미역과 엄마가 챙겨준 들깨가루만 있으면 세상에 부러울 게 없었다. 요리를 잘하는 지나는 나의 구세주였다. 2년 내내 우리의 메뉴는 미역국, 야채볶음, 라면을 반복했다. 골목 야채가게에서 사온 무를 썰어 한국 고춧가루와 마늘과 양파 정도만 추가해서 락앤락 통에 넣고 흔들면 기가 막힌 깍두기가 완성됐다.

저녁에 전기가 들어오지 않으면 촛불을 켜놓고 밥을 할 때도 있었지만 대부분 그렇게까지 하기가 싫어서 밖에서 사먹고 들어오는 일들이 많았다. 캄보디아에서 오래 살았던 마야 언니는 국수요리를 잘했다. 어느 날은 지나와 나를 초대해 멋진 국수요리를 해주었는데 그 날도 전기가 없어 촛불을 켜놓고 밥을 먹었다. 언니 집에서는 멋진 분위기를 연출해준 초였는데 우리 집에서는 왜 이렇게 분위기가 안 나는 건지. 이제 제법 동네 분들과도 안면이 생겼다. 매일 출근하는 길에 마주치는 책방 아저씨, 찌아집 부부, 야채과일 가게 아저씨와 우리 집에 매일 물통을 가져다 주는 어린 친구 그리고 사무실 앞 모모집의 가족들까지.

그 사이 지반 감독님의 부인이 한국에서 돌아왔고 나는 둘의 사랑스러운 아들인 수빈이의 100일 파티에 초대받아 지반 감독님 집에 가서 처음으로 창희 언니를 만나게 되었다. 언니는 네팔에 한국인 친구가 생겨 좋다며 기뻐했고, 나 또한 마찬가지였다. 한국음식을 너무 좋아하는 지반 감독님은 매일 집에서 한국음식을 드셨고 그 덕에 나 또한 한국음식이 그리울 때면 창희 언니의 고향 부산에서 친정 어머니가 정기적으로 보내주시는 한국식 재료로 만든 음식을 맛보기 위해 창희 언니네 집에 쳐들어갔다. 자주 보긴 어려웠지만 박타푸르의 한 마을에서 마을살이를 하고 있는 모모따와 가끔 찾아와 활동의 방향성을 일깨워주는 민욱이 등의 친구들이 생겼고 이들은 이제 내가 힘들 때면 찾게 되는 친구가 되었다.

5월 말인데 이제 우기가 시작되나 보다. 밤새 내린 비로 배수 시설이 제대로 되어 있지 않은 도로는 온통 물과 진흙이다. 한국에서 친구가 보내준 장화를 꺼내 신고 출근했다. 그렇게 여름이 찾아왔다.

치뜨랑 마을에 뜬
무지개

🌸 🌼 한 달 간의 가이드 교육이 끝났다. 한
국, 두바이, 아랍에미레이트 등에서 이주 노동을 하고 돌아온 아
저씨들부터, 실제 현장에서 가이드를 하고 있는 사람, 트레킹 가
이드를 하고 있지만 자격증이 없는 어린 친구들, 여행자 거리 타
멜호텔에서 서빙을 하지만 새로운 꿈을 꾸는 청년, 성만 들어도
낮은 카스트인지 알 수 있는 떠라이 지방에서 온 친구 그리고 여
성들.

우리 수강생들의 이력도 다양했지만 민족도 다양하게 모였
다. 브라만, 구룽, 타망, 타루, 머거르, 세르파 등 한 교실에 모인
수강생 분들을 한마디로 설명할 수 없었다. 네팔에서 포터 인권과
환경을 위해 활동하는 단체, 실제 홈스테이 프로그램을 운영하는
여행사, 한국으로 말하면 여행 사회적기업이라 말할 수 있는 이
름만 들어도 소셜한 '소셜투어' 등 네팔 분들을 강사로 모셨다. 한
달 간의 교육을 마치고 수강생 분들이 선택한 홈스테이 마을로 현

장실습을 떠나기로 한 날, 다들 잔뜩 멋을 부리고 나타난 얼굴엔
기대감이 한가득하다.

　우리의 목적지인 치뜨랑 마을은 마칸푸르Makawanpur(카트만
두에서 남서쪽)에 위치해 있는 마을로 주요 민족은 네와리 민족이
며 타망, 체트리 민족도 함께 어우러져 살고 있다. 고대 이름은 치
트라푸르Chitrapur였으며 카트만두에서 인도로 넘어갈 때 이 마을
을 지나갔다고 한다.

　카트만두에서 차로 1시간 이동하여 고담Godam이란 지역에서
는 지프로 갈아타야 했다. 산 속 비포장도로를 달려야 하기 때문
이다. 좁은 지프에 다 같이 밀착하여 탄 후 산길을 오르는데 경사
가 가파르다 보니 몸을 주체할 수가 없었다. 비포장도로라 손잡이
가 될 만한 것을 잡지 않으면 어느새 내 몸은 저만치 내려가 있었
다. 몸이 저만치 내려가면 엉덩이를 질질 끌어다 다시 제자리로 돌
아오기를 반복할 때마다 우리는 놀이기구 타듯이 깔깔거렸다.

치뜨랑 마을은 2,000m 가까운 곳에 위치해 있고 외부와 차단된 느낌의 조용한 산속 마을이었다. 그룹별로 방을 나누고 각 가정 마을 주민분들과 인사를 나누고 다시 모여 마을을 조용히 돌아보았다. 시바신의 사원부터 예전 영국인들이 이 마을까지 진출했을 때 유명했다는 엘리자베스 여왕 그림이 그려진 과자 뚜껑으로 만든 집도 이 마을의 명소였다. 밥을 먹고 모이기로 한 장소에 도착하니 이미 수강생들은 한껏 들뜬 분위기로 마을 분들과 문화 공연을 즐기고 있었다.

"이번엔 셰르파 차례야! 셰르파 뚜이저나(2명이라는 뜻) 어딨어?"라고 부르는 소리가 들린다. 히말라야 산간지역인 '솔로쿰부'에서 14살 때 카트만두로 내려와 6년째 트레킹 보조 가이드를 한다는 두 청년이 수줍게 손을 내젓는다.

전설 속의 히말설인 '예띠'의 존재를 믿고 티베트어와 비슷한 언어를 쓰는 셰르파 민족을 보면 정말 다부지고 산악인처럼 생겨 트레킹에 제격이란 말이 딱이다. 어렸을 때부터 히말 산간 지대에서 산과 눈을 보며 지냈으니 말이다. 솔로쿰부에 있는 본인의 고향에 가려면 카트만두에서 버스로 하루, 다시 걸어서 하루를 가야 한다고 한다. 끝내는 셰르파 청년 중 한 명이 멋들어지게 노래를 시작하고 다들 따라 부른 후 이어서 구룽족 여성이 마덜이란 악기를 들고 나와 분위기를 띄운다. 잠시 자리를 피해 밖으로 나오니 무지개가 드넓은 하늘 가득 채우고 떠 있다. 저절로 미소와 탄성이 터진다.

그렇게 첫째 날 밤은 저물고 다음날 새벽 6시부터 여성들만 머무는 홈스테이 가정의 버히니(나이 어린 여자동생을 부르는 네팔어)가 따뜻한 찌아를 내온다. 우리 여성 수강생 버히니들은 일찍부터 이 마을에서 소원을 다 들어준다는 사원에 가야 한다며 꽃단장을 하고 나를 부른다. 졸린 눈으로 버히니들을 따라가니 푸르른 논에서 벌써부터 나와 일하시는 주민 분들도 보이고, 저 멀리 남자들 숙소에선 남자들끼리 다같이 나와 옥상에서 요가를 하고 있다.

왕복 5시간 거리의 인근 말쿠라는 지역으로 트레킹을 가서 수력발전을 위한 댐에 만들어진 인공호수에서 보트를 탄 후 남자들은 하나씩 옷을 벗더니 물속으로 뛰어든다. 하지만 히말에서 눈만 보고 자란 셰르파족 청년들은 산은 잘 타지만 수영을 못한다고 쭈뼛거리며 수영하는 친구들을 머쓱하게 쳐다보는데 그 모습에 갑자기 웃음이 터졌다.

트레킹을 다녀와 마지막 밤을 보내는데 전화가 왔다. 밖에 나가서 하늘에 뜬 별을 보라고 너무 많다고. 당장 뛰쳐나가니 하늘 가득 찬 별들이 밤하늘을 수놓았다. 치뜨랑 마을에 와서 탄성을 몇 번이나 지르는지 모르겠다. 우리의 2박 3일 현장실습을 그렇게 마쳤고 돌아오는 날도 마을의 어르신께 축복의 티카와 꽃을 받으며 인사를 나누고 떠나왔다. 다시 돌길을 내려오면서 미어터지는 지프 안에서도 이들의 농담과 웃음은 끊이질 않았다. 이후 우리 수강생들은 네팔 정부 공식 트레킹 가이드 자격증 시험에 도전하기 위해 첫 관문인 인터뷰를 보았다.

누군가 말해 달라
이번 생의 비밀

❀ ✹ 　　　　　　　　우기의 시작이다. 진흙탕의 질퍽질퍽
한 길을 위험스레 걸어야 하는 아침이었다. 너무 날 서지 말고 너
무 감성적이지 말고 그렇게 질퍽질퍽하게 보내고 싶은 달이다. 자
주 가는 타멜 입구 카페에 들러 카페에서 파는 네팔 관련 DVD를
구경하고 있었다. 주문한 삶은 계란과 생과일 주스가 나와 자리에
앉는 순간 내 눈을 의심했다. 맞은편 테이블에 멋스러운 하얀 머
리칼을 가진 중년 남성이 네팔의 일간지인 히말라얀 타임즈를 읽
고 있는데 그가 분명했다! '나라얀 와글레' 다행히 이른 아침이었
던 터라 카페에는 손님이 거의 없었다. 카페엔 나와 그만 있는 듯
하여 실례를 무릅쓰고 다가갔다.

　　"혹시 나라얀 와글레 맞으신가요?"

　　"네"라고 웃으며 고개를 드시는 데 심장이 멎는 줄 알았다.

　　"전 한국에서 온 아샤라고 합니다. 네팔 오기 전에 작가님의
작품인 〈팔파사 카페〉를 읽었어요. 여기서 뵙다니요!"

　"그래요? 저도 한국에 문학 관련 회의 때문에 네 번 정도 갔었어요. 지금은 두 번째 책을 쓰고 있어요."

　그리고 무슨 이야기를 했는지도 기억이 나진 않지만 카페 직원분께 부탁해서 작가님과 사진을 찍고 추후 어떤 일로든 초대하고 싶다고 이메일 주소를 받아 내 자리로 돌아왔다. 한국어로 번역되어 소개된 네팔의 문학작품은 딱 두 권밖에 없다. 나라얀 와글레의 소설 〈팔파사 카페〉와 두르가 랄 쉬레스타의 시집 〈누군가 말해 달라 이생의 비밀〉이 그것이다. 네팔 오기 전 네팔에 대해 이것저것 자료를 찾다가 〈팔파사 카페〉 소설을 읽게 되었다. 네팔의 가장 권위 있는 문학상인 마단 푸라스카르상을 수상한 작품으로 10년에 걸친 내전을 배경으로 남녀간의 사랑과 내전의 상처 등이 담겨있는 작품이다. 작품에 대한 견해를 논할 정도의 식견과 영어가 되지 않았기에 아쉽게 마무리한 짧은 인사였지만 그날 밤 나의 가슴은 콩닥 콩닥거리고 있었다.

　한국에 소개된 두 권 중 한 권은 소설이고 다른 한 권은 시집
이다. 네팔 카트만두 근교의 도시 빈민 가정에서 태어나 어렸을
때부터 시를 쓰셨다는 두르가 랄 쉬레스타의 시집 〈누군가 말해
달라 이생의 비밀〉은 10년 간의 내전 동안 네팔 국민들이 어떤 상
황이었는지, 부정부패와 가난이 일상인 곳에서 민중들 삶의 모습
을 시로 썼고 이 시구는 노래 가사로 더 인기가 많았다고 한다. 두
르가의 시집을 읽고 있으면 낮은 곳에서 항상 네팔을 생각했던 시
인의 마음이 고스란히 느껴진다.

봄 감기

— 두르가 랄 쉬레스타

나무 열매를 따고 있다
풀들도 즐겁게 흔들린다
이 모두는 우리를 위해 살아 있는 것
그러나 우리의 손은 비어 있다

빛나는 해도 우리의 것
그러나 우리의 머리는 춥기만 하네
우리 몸은 사랑스럽지만
마음은 의심으로 가득 차 있네

꽃의 나라이지만
우리에게는 불타는 도시일 뿐
꽃은 활활 타오르는데
가난한 이 도시는
춥기만 하다

한국어로 번역된 것은 두 권이라 좀 더 많은 네팔 문학작품
들을 접하고 싶다면 영어로 발간된 책이나 잡지를 읽어보면 좋을
듯하다.

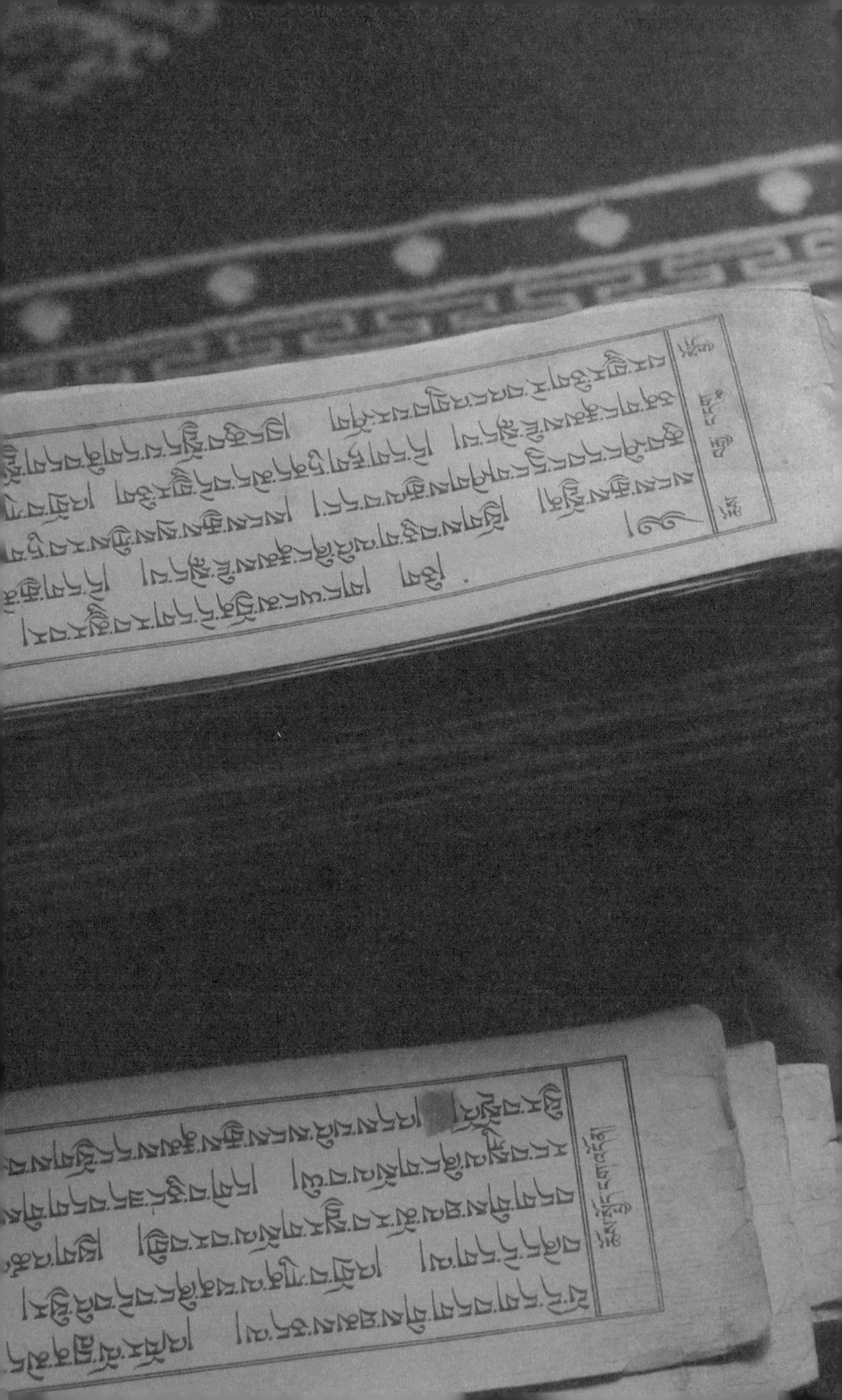

마음을 빚자,
조화롭게

❀ ✳   카트만두는 분지다. 조금만 높은 곳에
올라가면 카트만두 시내가 옴폭하게 파인 듯이 자리잡고 있는 것
을 볼 수 있다. 카트만두 밸리에는 7개의 세계문화유산이 있다.
살아있는 여신이라 불리는 쿠마리 여신이 살고 있고, 인드라자트
라 축제가 크게 열리는 더르바르 광장, 화장터가 있는 시바신의
황금사원이 유명한 성지 파슈파티나트, 티베탄들이 많이 거주하
는 티베트 불교의 향기가 나는 보우더 나트 등 도시 자체가 세계
문화유산의 도시인 것이다. 한국에서는 문화유산이라 하면 닳을
까 손상될까 만지면 안 될 것 같고, 뭔가 범접할 수 없는 이미지가
강하다면 네팔에 와서는 그들의 삶 속에 살아 숨쉬는 문화유산이
란 느낌을 지울 수 없다.

      도심 속 문화유산들은 사람들과 일상 속에서 호흡한다. 왕들
이 살았던 곳이었지만 지금은 누구나 와서 장사를 하고, 축제를
벌이고, 모임을 열고, 사랑을 나눈다. 왕들의 공간에서 서민들의

공간으로, 위계와 조건이 있었던 공간에서 경계가 허물어진 공간으로 변한 지금의 세계문화유산 지역이 포근하게 느껴진다. 늦잠을 늘어지게 자고 한국에서는 상상도 하지 않던 손빨래를 해서 널고 스웸부나트 사원으로 향했다. 원숭이가 많아 원숭이 사원으로도 유명한 이 사원은 높은 지대에 있어 카트만두 시내가 한눈에 내려다 보여 일출과 일몰을 보기에도 좋은 곳이다. 스웸부나트의 사원들은 아래는 힌두교의 신이, 위로는 불상이 조화롭게 반씩 이루어져 종교의 조화로움을 보여주는 사원이다. 보고 있자면 나는 지금 조화로운 마음을 빚고 있는지 반문하게 된다. 가끔 책임지지 못할 말들이 허공에 흩날리고 다짐했던 글들이 쓰디쓰게 다가올 때가 있다. 오늘도 스웸부나트의 일몰을 보며 마음을 빚자고 다짐한다. 조화롭게.

내 허리는 허리가 아니었음을,
볼리우드 댄스

🌿 🌸 　　　　한국에서도 가끔 인도영화가 개봉한
다. 할리우드보다 연 제작편수가 더 많다는 볼리우드는 서남아시
아권을 넘어 세계로 진출 중이다. 2007년 처음 인도로 여행을 떠
났을 때 인도영화나 한 편 보려고 극장에 들어간 적이 있다. 어색
한 로맨스와 사건 전개, 뜬금없는 춤사위, 황당한 배경 등은 새로
운 문화충격이었지만 엄숙해야 하는 한국의 극장과 달리 자유롭
게 감정표현을 하는 인도인들 사이에서 덩달아 신났던 기억이 있
다. 로맨스가 나오는 장면에서는 부끄러운 야유를, 춤이 나오는
장면에서는 덩달아 어깨춤을, 웃긴 장면에서는 박장대소를 해대
며 보는 인도인들의 관람 문화가 너무나 색달랐다. 더군다나 쉬는
시간이라니. 인도영화는 기본 3시간이기 때문에 중간에 쉬는 시
간이 있었다. 그 후로 알게 모르게 맛살라 감성에 빠져들면서 한
국에 와서도 인도영화라면 찾아서 보는 마니아가 되었다. 인도영
화는 방글라데시, 네팔에도 큰 영향을 미쳤다.

최신 인도영화가 네팔에 개봉하면 각 극장마다 걸렸고 영화의 OST가 좀 인기가 있다 싶으면 1년 내내 온 거리의 상점과 버스에서는 OST가 흘러나왔다. 네팔에서 살면서 최신 인도영화들을 마음껏 볼 수 있다는 것을 낙으로 삼았다. 처음 네팔극장에 혼자 가서 〈아쉬키Aashiqui〉라는 인도영화를 보았을 때 첫 장면에서 울컥했던 기분은 잊을 수가 없다. 하지만 그 때 왜 그렇게 울컥했는지는 다시 생각해도 모르겠다. 인도영화를 볼 때마다 볼리우드만의 특색 있는 춤사위와 배우들의 백만 가지의 표정은 흥겨운 음악과 함께 찰떡궁합이었다.

어느 날 바뜨바뜨니에서 장을 보고 지나가는 데 살사 댄스 아카데미Salsa Dance Academy라고 쓰여 있는 건물이 눈에 띄어 호기심에 살펴보니 볼리우드를 가르쳐준다고 적혀 있었다. 들어갈까 말까, 들어갈까 말까를 백 번 고민하다 몇 주 뒤 심호흡을 하고 들어갔다. 쭈뼛쭈뼛 들어가 하루 교습권을 한국 돈으로 4,500원 정도 주고 끊고 교실로 들어가니 운동복 차림의 동네 아주머니들과 같이 온 어린 딸들이 수다를 떨고 있다. 아무도 나에게 관심을 두지 않아 오히려 다행이었다. 사실 아시아 지역을 여행하거나 출장 다닐 때면 내 얼굴이 전통적 한국인의 얼굴은 아니었기에 어디를 가던 그 나라 사람 같다고들 하는 이야기를 많이 들었다. 네팔에 살면서도 네팔어로 길을 물어보는 분들을 숱하게 만났고, 네팔리냐고 묻는 질문도 수차례 들으면서 동질감이 느껴져 오히려 좋았다.

한 시간 반이 어떻게 지나갔을까. 두 곡의 인도영화 주제곡에 맞춰 한 동작 한 동작 따라하면서 내 몸을 움직였다. 볼리우드는 가사 하나하나를 눈빛과 표정과 몸짓에 담아 녹여낸다. 현란한

선생님의 몸짓을 따라 하려고 주위 눈치를 보면 계속 틀렸고 그냥 내 리듬에 맞춰 따라가면 즐거웠다. 내가 상상 속에서 꿈꿨던 허무맹랑한 꿈 중 하나가 볼리우드 영화에 지나가는 행인으로라도 출연해보는 거였는데 그 꿈에 다가가나 했지만 한 시간 반 뒤 깨달았다. 내 허리는 허리가 아니었음을. 이렇게 몸치일수가. 하지만 정말 행복했다.

Sushila Arts Academy   http://www.sushilaartsacademy.com

네팔의 전 총리 B.P 코이랄라의 부인 수실라 코이랄라Sushila Koirala
의 뜻과 영혼을 받아 만들어진 곳으로 바라트 나트얌Bharatnatyam
(인도 고전발레의 형식)이나 전통 까딱댄스Katak 등을 배울 수 있다.
수실라 코이랄라 여사는 예술, 음악, 춤은 모든 것을 조화롭게 융화
시킬 수 있는 우주적인 언어라 믿었다 한다.

Salsa Dance Academy   http://www.salsanepal.com

살사, 줌바, 바차타 등의 춤을 가르쳐주고 볼리우드 댄스 클래스도
있다.

QFX Cinemas   www.qfxcinemas.com

네팔에도 최신식 영화관이 쇼핑몰과 함께 생기고 있다. 대표적으
로 여행자거리인 타멜에서 멀지 않은 모든 교통의 중심지인 라뜨나
공원 근처 대형 쇼핑몰인 Civil Mall 내 있는 QFX 영화관이 있다.
QFX는 체인이라 몇 군데 더 있다. 만약 보우더나트 근처에서 본다면
KL TOWEL 극장도 있고 Big Movies도 있다. 여기서 소개하는 곳들
은 시설이 좋기 때문에 비싼 편이다. 극장시설은 별로 좋지 않고 그
냥 싸게 영화를 볼 수 있는 극장들도 많다. 네팔에도 부페와 영화를
같이 즐길 수 있는 Cine De Chef 라는 곳이 Civil Mall 바로 옆에 생
겼는데 2015년 4월 지진 때 피해가 일부 있었고 지진 이후로 높은 건
물에 위치한 극장에서 영화를 볼 때는 헬멧을 쓰고 영화를 본다는 슬
픈 우스갯소리도 들린다.

일상으로
감내해야 하는 긴 시간들

🌸 ✴ 한국에 방글라데시 친구들이 있었다.
한국에서 말하는 불법 체류자(미등록 노동자). 이들은 단속을 피
해 밤에 일을 했고 몇 년 째 돌아가지 못하고 있었다. 혼기가 차면
중매 결혼을 하는 문화가 강한 친구들은 집에서 보내온 사진 몇
장을 보고 신붓감을 골라 한국과 방글라데시에서 인터넷 결혼식
을 하는 이해할 수 없는 장면을 보여주기도 했다. 켜켜이 쌓여온
각자의 문화를 어떻게 다 이성적으로 이해할 수 있을까? 다른 문
화를 판단하고 나의 경험에 근거해 이해하는 것은 오만일 것이다.
2009년 나는 몇 년 째 고국으로 돌아가지 못하는 친구들의 집주소
를 받아서 방글라데시로 떠났다. 인도 배낭여행 때 만났던 방글라
데시 친구 '칸 마문'과 함께. 마문은 한국에서 대학원을 다니고 있
었기 때문에 비자가 있어 이동이 자유로웠다. 칸과 함께 친구들의
가족을 방문하면서 말은 안 통하지만 칸을 통해 친구들의 소식을
전했고 가족분들은 오랫동안 보지 못한 아들의 한국친구가 온 것

을 신기해하셨다.

네팔에 와서도 다양한 민족의 네팔 직원들과 일하지만 첫 해에 맡은 여행 프로젝트는 한국에서 3년간 이주 노동을 하고 온 벅터 씨와 함께 하는 일이었다. 한국에 가자마자 허리를 다쳐 다른 네팔노동자들의 도움을 받았던 일, 병원에 입원해서 만난 한국 아저씨들 따라 노래방에 갔던 일 등 힘들었을 한국에서의 기억을 농담처럼 곧잘 이야기 했다. 이후 한국 내 이주 노동자들의 인권문제를 이야기 하는 자리에 나서기도 했고, 2007년에 제작된 우보연 감독의 영화인 〈마야 거르추('사랑해'라는 뜻의 네팔어)〉의 주인공으로도 출연했었다. 네팔에 돌아와서는 트레킹 가이드를 하면서 귀환 이주 노동자들이 만든 비영리단체에서 적극적으로 활동도 하시는 멋진 아저씨이다.

오늘은 벅터 씨네 집에 놀러가기로 한 날! 벅터 씨는 친척들과 한 동네에 다 같이 살고 계셨다. 카트만두가 한눈에 내다보이는 조용한 산자락 마을에 들어서니 지나가는 집집마다 작은아버지, 큰아버지 댁이다. 집에 들어서니 딱 봐도 똑부러지게 생긴 예쁜 큰 딸과 개구쟁이 작은 아들 그리고 수줍게 내다보는 부인이 반겨줬다. 오전 내내 내리던 비가 그치자 아이들은 내 손을 잡고 동네 구경을 시켜주겠다며 끌어당겼다. 머리에 꽃을 꽂아주고, 동네 사원에서 이 신은 무슨 신인지를 알려주며 좋알거렸다. 집에 돌아오니 벅터 씨가 밥을 하고 있다. 웬일일까 궁금했다.

"지금 부인이 생리기간이어서 부엌에 못 들어와요. 난 괜찮다고 하는데 동네가 집성촌이다 보니 눈치가 보여서 안 들어온대. 그런데 밥하기 싫어서 일부러 그러는 거 아닐까?"

"하하, 벅터 씨가 하는 밥 먹는 거예요?"

네팔은 여성이 생리를 하는 기간에는 부엌에 들어오지 못하는 차우파티Chhaupadi라는 힌두교의 전통 관습이 서부지역을 중심으로 남아있다. 점차 바뀌고 있긴 하지만 수도인 카트만두에서도 아직 존재한다. 간혹 서부 농촌지역에서는 여성을 외양간에 재우다 성범죄에 노출되고 각종 감염으로 죽기도 하는 사례가 생겨 문제가 되고 있다.

역시 사먹는 밥보다 집밥이 맛있다는 것은 진리인가 보다. 벅터 씨가 한 달밧은 꿀맛이다. 네팔에 와서 가끔 듣긴 했지만 벅터 씨는 10년 내전기간 중에 마오이스트로 활동했던 적이 있었단다. 기본적인 성향이 불의를 못 참는 성격인 벅터 씨는 네팔의 정치를, 부패를 바꿔야겠다고 생각하고 활동을 하다가 신변의 위협을 느끼고 한국으로 도망치듯 이주 노동을 떠났다고 했다. 왕정이 종식되고 민주주의 선거로 총리가 선출되는 지금이 되었지만 벅터 씨는 이젠 마오이스트들도 지지하지 않는 입장이란다.

"이젠 누가해도 똑같아. 여기서는 공무원, 경찰, 기자, 정치인들은 다 똑같아. 부정부패도 너무 심하고 그 누구도 국민들을 생각하지 않아요."

네팔에서 가족 중 누군가가 해외에 나가 있는 일은 일상다반사다. 이주 노동자로, 유학생으로, 이민자로 누군가는 떠나 있다. 그 시간도 짧지 않다. 한국에서 이주 노동자로 10년의 세월을 보내느라 두 딸을 어려서 봤는데 다시 돌아오니 대학생이 되어있었다는 아저씨를 만났다. 큰 딸은 아버지가 부쳐준 돈으로 유학까지 떠났다. 아저씨는 네팔로 돌아왔지만 큰 딸이 유학을 마치고 돌아오려면 또 몇 년의 세월을 기다려야 한다.

"자식들을 위해 간 걸요. 10년은….."

네팔사람들은 그리움의 긴 시간들을 일상적으로 감내한다.
덤덤하게, 일부러 생각하지 않는 사람들처럼.

일자리를 찾아서

✿ ✳ 내가 네팔에 와있다는 생각을 일깨워
주는 때는 아침이다. 개와 새, 닭이 동시에 울면서 나를 깨우기 때
문이다. 방음도 안 되고 집들이 다닥다닥 붙어있는 좁은 골목이라
아침마다 분주하게 준비하는 집안의 소리가 다 들려온다. 눈을 비
비고 있는데 아침부터 문을 두드리는 윗집 아주머니, 널어놓은 베
개 커버가 우리 집 베란다에 떨어졌단다. 이어서 또 누군가 두드
린다. 이번엔 아랫집 남매가 치던 배드민턴 공이 넘어왔다고 가지
러 왔다.

아침에 출근해서 나는 지난번에 우리 홈스테이 프로젝트 지
역인 베뜨니 마을에 다녀왔던 여행자들이 찍은 사진을 출력해 마
을로 출장 가는 벅터 씨 편에 전하기 위해 사진을 고르고 있었다.
다시 이주 노동자 가이드 교육 시즌이 돌아왔다. 아침에 만난 벅
터 씨는 정신이 없어 보였다. 신문에 조그맣게 광고를 냈는데 새
벽 5시부터 벅터 씨와 직원인 비재이한테 5분마다 전화가 걸려왔

다고 한다. 하루 종일 전화벨은 울려대고 문의 전화만 80통 넘게 오고 방문자는 30명이 넘어갔다.

"벅터다이, 이게 무슨 일이에요? 우리 교육과정이 왜 이렇게 인기가 많아요?"

"아샤, 네팔에선 다양한 곳에서 직업훈련 관련 교육을 많이 하는데 다들 일자리를 얻을 수 있을까 해서 오는 거예요. 쉽게 이주 노동을 떠날 순 있지만 많은 돈을 벌지 못하는 중동지역 귀환이주 노동자분들이 많이 신청하는 거 같아요."

신청서류를 보니 사우디아라비아 10년, 아랍 에미레이트 2년 등 이력도 다양한 사람들이 신청을 했고 이들의 직업란에는 무직이라 적혀있었다. 내가 신청서류를 보고 있으니 직원인 비재이가 내게 와서 서류 한 장을 따로 내민다.

"아샤, 이 친구는 19살인데 가난해서 공부를 그만두고 타멜호텔에서 서빙을 한대요. 포터 경험이 한 번 밖에 없다네요. 이주 노동경험이 있진 않지만 이 친구가 이번 교육을 들으면 좋겠어요."

벅터 씨는 오늘 하루 일과를 마치고 피곤하다고 떠나며 말을 던졌다.

"우리가 교육생을 선발하는 기준 중에 '여성'은 무조건 우선순위로 둬야 할 것 같아요."

아, 오늘 이 두 남자가 나를 감동시킨다. 하지만 동시에 밀려온다. 무슨 수로 이들의 일자리를 만들지, 너무 성급하게 생각하는 건 아닐까, 우리는 무엇을 할 수 있을까?

관광으로 재생시킨
반디뿌르

❁ ❀ 　　　　오랜만에 먼지투성이인 카트만두를 벗어난다. 카트만두와 포카라를 잇는 프리트비 고속도로Prithvi Highway로 들어서려면 탄콧Thankot을 빠져 나가야 한다. 고속도로에 들어서면 각종 화물 트럭부터 여행객들을 태우고 떠나는 여행자 대형버스, 마이크로 버스라 불리는 지역교통 수단까지 줄줄이 늘어서 아슬아슬하게 이어지는 도로를 빠져나간다. 네팔에 와서 몇 번 이곳을 지나가곤 했는데 카트만두를 벗어난다는 것과 다시 카트만두로 돌아온다는 것이 주는 기분과 의미가 매번 남다르다.

특히 시원하게 쭉 뻗은 도로가 아니기에 가는 내내 재봉틀을 돌리는 할아버지부터 빨래터의 아낙들까지, 파란 교복을 입고 손에 책을 잔뜩 싸들고 한 줄로 위험스런 차 옆을 걸어 학교로 향하는 아이들까지 삶의 여러 모습을 볼 수 있다.

포카라로 가기 전 '둠레Dumre'에서 내리는 사람은 나 혼자다. 내가 가려는 곳은 2011년 유령의 도시에서 친환경 관광마을로 바꿰었다고 CNN에도 소개된 반디뿌르이다. 타나훈주Tanahun에 속하는 반디뿌르는 원래 티베트와 인도 무역의 중심지였다. 말라리아가 퇴치되기 전 말라리아가 없었던 반디뿌르는 중요한 지점이었다.

이곳은 머거르족Magar이 전통적으로 살고 있었지만 19세기 초 장사에 밝은 네와리족Newari이 박타푸르에서 옮겨 오면서 현재는 네와리족의 전통 건물양식이 많이 남아있는 곳이다. 하지만 마을 아래로 프리트비 고속도로가 생기면서 아래동네인 둠레 지역으로 상권이 옮겨갔고, 말라리아가 퇴치되면서부터는 평야 지대인 남부 떠라이terai 지방으로 대거 인구가 이동하면서 반디뿌르는 더이상 찾지 않는 마을이 되었다. 그랬던 마을에 1990년대 말 영국 기업가 토니 존Tony Jones이라는 사람이 히말라얀 인카운터Himalayan Encounters라는 여행사를 열고 어드벤처 관광사업을 시작했고 네팔에서 가장 큰 동굴이 있는 반디뿌르에서 도보여행의 가능성을 보고 오래된 올드 반디뿌루 인Old Bandipur Inn을 수리하여 현재의 모습으로 재탄생시켰다.

이에 반디뿌르의 사회개발위원회Social Development Committee도 합세하여 2003년 지역 상권을 살리기 위한 위원회를 결성, 유럽 기금을 지원받기 위해 계획서를 냈다고 한다. 채택된 후 유럽의 2개(그리스, 이탈리아)도시와 파트너십을 맺고 낡은 건물을 개조하여 여행자 정보센터도 만들고 길을 넓히고 여러 레포츠 활동을 만들어 나갔다. 둠레에서 반디뿌르 가는 지역버스는 45분에 한 대씩 있는데 내가 막 도착했을 때는 이미 문까지 사람들이 매달려 출발하려던 때여서 다음 버스를 타고 1,000m 언덕에 위치한 반디뿌르로 향했다. 버스는 마을 입구에서 멈춰야 했다. 반디뿌르 마을은 차가 다닐 수 없는, 걸어서 다녀야 하는 차 없는 마을이었다.

잘 정비된 듯한 도로 양쪽으로 네와르 전통 양식의 게스트 하우스와 식당들이 늘어서 있는 모습이 산속에서 갑자기 나타난 동화 속 마을 같았다. 우기여서 관광객들은 별로 없어 한적했고, 차 없는 도로에서 동네 아이들은 지푸라기를 엮어 만든 줄로 줄넘기를 하고, 다같이 똑같은 아이스크림을 하나씩 손에 들고 마을을 활보하고 있었다. 게스트 하우스에 짐을 풀고 주인장 아저씨가 추천해주는 코스대로 마을을 걸었다. 둠레와 포카라 지역, 미망나가르 등 아랫동네와 겹겹의 산들이 내려다 보이는 '둔디켈'과 마을 병원을 지나 이 마을 물의 주요 원천이라 할 수 있는 '띤다라(세 개의 수도라는 뜻)'를 가려다 중간에 사원을 지나게 되었다.

사원 앞에는 한 아이를 품에 앉고 있는 젊은 여성이 있어 띤다라로 가는 방향도 물을 겸 '나마스떼'라고 인사를 하니 우기 때 혼자 찾아온 내가 궁금했는지 이것저것 물으신다. 자신은 머거르 족이라며 17살에 결혼하여 아들 둘에 딸 하나가 있는데 큰 딸이 10살이며 지적장애가 있다고 했다. 품에 앉고 있는 그 아이였다. 나는 한국에서 왔지만 네팔에서 살고 있다고 하니 한국에는 어떤 민족이 있냐며, 다음에 올 땐 자기네 집에 들리라는 말을 하셨다. 띤다라를 거쳐 다시 시장 골목으로 들어서니 1985년 일본에서 온 가톨릭 수녀님들이 지은 '노트르담 학교'에서 분홍색 교복을 입은 아이들이 수업을 마치고 우르르 나온다.

마을이 한눈에 내려다보이는 '구룽체 언덕'에 올랐다. 우기여서 히말라야 산맥들은 보이지 않고 사람조차 오르지 않는다. 가만히 혼자 두 시간 동안 앉아있으니 안개가 내려앉고 이동하면서 들리는 산과 산 사이, 나무와 나무 사이의 안개소리가 들린다. 마을이 잘 내려다 보이는 돌에 앉아있으니 뒤로는 바람소리만, 앞으로는 마을의 소리가 들린다. 아이들이 뛰어 노는 소리, 밥 짓는 소리, 아낙들의 수다 소리 등 바람소리와 마을의 소리가 적절히 어우러진다. 회색빛이 돌면서 비가 한두 방울씩 떨어져 언덕을 뛰어 내려왔다.

그곳에서 2박 3일을 머물고 떠나오는 날 아침, 마지막으로 '둔디켈'에 다시 들렀다. 역시나 안개와 구름만이 산에 걸쳐있고 마을에 내려앉는 날씨여서 산행을 포기하고 돌아서려는 순간 내 눈을 의심케 하는 히말라야가 보였다. 구름과 안개 사이로 정말 일부분만 보여주고 있는 설산이 눈에 들어왔다. '람중'이라고 했다. 이내 안개로 다 가려졌지만 잠시 동안의 시간만으로도 충분했다. 다시 올 이유가 생겼으니깐.

망고를
먹어야 하는 달

🌱 🌸 　　　　곧 센터 오픈데이 행사가 다가온다. 이주 노동자 다큐멘터리를 제작한 네팔 감독님을 모시고 우리 카페에서 상영회 겸 감독과의 대화를 하는 자리를 마련하여 직원들과 홍보 전단지를 들고 인근을 돌았다. 지금은 '녹색의 달'이다. 환경의 달이 아니라 시바신을 기리는 달로 온통 여성들이 녹색과 노란색의 옷과 장신구를 두르는 달이란다. 사무실에 돌아오니 지반다이랑 창희 언니가 카페에 놀러왔다. 지반다이가 팔찌 하나를 건넨다. 창희 언니 팔찌를 사면서 덤으로 내 것까지 샀다고 하셨다. 하하, 뭔가 얻어걸린 기분이지만 마음 씀씀이가 감사했다.

　　퇴근은 했지만 간혹 밤에 손님을 보내거나, 도착하는 손님을 마중 나가는 벅터 씨를 따라 공항에 나갈 때가 있다. 오늘은 가야 할 사람도, 와야 할 사람도 많은 날이었다. 떠나야 하는 여자 손님 두 분을 만났다. 떠나기 전 마지막으로 티베탄 전통 술인 '통바'를 먹고 싶다 해서 넷이 앉아 통바를 마시며 손님들의 여행기를 한참 동안 들었다. 비행기를 놓쳐 경유지에서 자고 날씨가 좋지 않아 가려던 좀솜은 가지 못하고 푼힐 트레킹을 갔던 이야기, 우기여서 거머리에 잔뜩 물린 이야기, 우리가 손님들의 긴급 상황용으로 드린 현지 휴대폰을 잃어버린 이야기 등 다채로운 이야기가 흘러나왔다. 손님들의 마지막 이야기가 압권이었다.

"저희 어젠 지진도 느꼈어요!"

"진짜요? 네팔에 지금 대지진이 올 거라는 이야기는 계속 돌고 있어요. 저희도 가끔 사무실에서 약진은 느껴요. 정말 다채로운 경험을 하고 가시네요. 하하."

"네, 그래도 너무 재미난 경험이었어요."

손님들의 이야기 꽃은 퉁바의 뜨거운 목 넘김과 함께 무르익어 갔다. 두 분을 보내드리고 이분들이 타고 간 비행기를 타고 방금 도착한 여자 손님을 기다렸다가 미리 봐 둔 여권사진과 닮은 분을 보고 따라갔다. 기업 사내 복지 카드몰에 있는 여행상품을 보고 처음 알고 왔다는 손님! 이분은 내일 포카라로 떠난다. 신혼여행을 네팔로 오는 부부, 처음으로 해외여행을 떠나는데 네팔을 선택한 남성분 등 다양한 분들이 네팔로 온다. 그들의 여행이 더 풍성해지도록, 마음을 더 많이 나누고 느껴갈 수 있도록 여행 프로그램을 기획하는 일들에 쏟는 마음이 커진다.

알딸딸한 정신으로 집으로 돌아와 누웠다. 처음 네팔에 왔을 때는 건기여서 하루 14시간씩 전기가 들어오지 않았으나 이젠 우기라 하루 5시간 정도만 들어오지 않는다.

모기가 극성이라 밤잠을 설친다. 온 동네가 어둠에 잠긴 지금 낮에 충전해 놓은 전등 밑에서 민욱이가 빌려준 정희재 씨의

〈아무것도 하지 않을 권리〉 책을 펼쳤다. 인도 벵골만 동부 안다만 제도의 숲 속에 사는 사람들은 '향기의 달력'을 지니고 있다고 한다. 금잔화 향기가 진동하는 달, 야자나무가 달콤해지는 달처럼 나에게 지금은 망고를 먹어야 하는 달이다. 네팔의 제철 망고가 얼마나 달콤한지!

바야흐로
축제의 계절

❀ ❀　　　　　　　　뭐라구요? 남자만 쉰다구요? 왜요, 왜
요, 왜요? 무슨 남자만 쉬는 축제가 있다는 것인가? 뱀신을 기리
는 나그 판차미Nag Panchami가 지난 지 언제라고 또 축제지? 나그
판차미는 뱀신을 기리는 날로 집 앞에 뱀신의 사진을 두고 뿌자를
드리는 날이다. 하지만 같이 일하는 네팔 친구는 성이 'sapkota'인
데 삽코타라는 뜻이 '뱀의 목을 자른다'라는 의미로 조상 대대로
뱀을 잘랐기 때문에 본인들은 이 날을 기리지 않는다고 했다.

　　인구수보다 훨씬 많은, 셀 수 없는 힌두신들 그리고 민족마
다 기리는 축제가 다른 축제의 계절이 다가온 듯하다. 8월에만 나
그 판차미를 지나 남자들만 쉰다는 저나이 푸니마Janai Purnima에다
가 사랑의 신으로 여자들에게 인기가 많다는 크리쉬나 신을 기리
는 쉬리 크리쉬나 잔마스타미Shree Krishnna Janmastami까지 축제가
자그마치 몇 개인가.

　　저나이는 성인이 된 바훈, 체트리 남자들이 목에서부터 가슴

으로 연결해 매는 실을 뜻하며 푸니마는 보름달fullmoon을 의미한
다. 저나이 푸니마는 바훈 체트리 남자들이 저나이를 새로 교체하
는 날이라고 했다. 또한 여자 형제들로부터 락키라고 하는 팔찌를
11월에 있는 '빛의 축제'인 띠하르 때까지 하고 있다가 락쉬미뿌자
때 소 꼬리에 매달면 천국에 간다고 믿는단다.

　　남자들만 쉬는 축제가 지나고 여자들을 위한 축제 띠즈Teej가
왔다. 나가르콧 가는 길에 위치한 브라만 집성촌인 '바스똘라 마
을'에서 내가 홈스테이 했던 집의 딸인 사비나가 띠즈 때 자기네
마을에 놀러 오라고 연락이 왔다. 띠즈는 여자들을 위한 축제라고
하지만 결혼한 여성은 남편의 무병장수를 위해 하루 종일 물도 안
마시고 굶고 춤을 춘다고 한다. 결혼하지 않는 나 같은 여성은 미
래의 남편을 위해 굶으란다. 이게 무슨 여성들을 위한 축제란 말
인가? 나는 내가 홈스테이 했던 마을에 들르기 위해 길을 나섰으
나 예고 받지 못한 번다로 오전에는 묶여 있다가 12시 이후에 번
다가 풀려 그나마 갈 수 있었다.

　　이제 20살도 안 된 사비나도 띠즈가 시작되는 12시 밤부터
굶는다고 같이 자고 가라고 했으나 같이 찍었던 사진만 건네주고
사비나 어머니의 카자(오후에 먹는 간식 같은 의미의 먹거리)를
맛있게 먹고 돌아왔다. 다음날 아침 일찍 띠즈 때 네팔 여성들이
기도를 드리기 위해 찾는다는 파슈파티나트 사원에 찾았다. 파슈
파티나트 근처 교통은 통제되어 멀리서 내려 걸어가야만 했다. 걸
어가는 길 내내 빨간색과 초록색 사리를 입은 여성들이 삼삼오오
모여 행렬을 이루고 있었다. 빨간색 사리만 좇아가니 사원이 나왔
지만 파슈파티나트 사원 중에서도 힌두교인들만 들어갈 수 있고

외국인은 들어갈 수 없는 황금사원에 들어가 기도를 드리기 위해 사원 밖으로 늘어선 행렬이 사원을 몇 바퀴 돌고도 남았다. 이 더운 땡볕에 하루 종일 굶고 물도 안 먹고 이 줄을 서있단 말인가? 외국인인 나는 황금사원에 들어가 기도를 드릴 일이 없었기 때문에 다른 문으로 입장료를 내고 들어가 사원이 전체로 내려다보이는 곳에 자리를 잡고 앉았다.

황금사원 안에서는 기도를 드리고 춤을 추는 여성들이 보이고, 사원을 감싸고도 남을 빨간 사리를 입은 여성 행렬이 끝이 보이지 않는다. 후에 들어보니 줄을 서있다 쓰러지는 여성들도 많다고 한다. 화장터로 사용되기도 하는 파슈파티나트, 한쪽에서 춤을 추고 한쪽에선 시체를 연신 태운다.

띠즈가 지나고 외부에 나갔다 왔던 직원은 오늘이 '기계신을 위한 날'이라며 기계에 꽃을 달아주고 기계에 뿌자를 하는 날이라고 했다. 어쩐지 택시마다 빨간 천이 펄럭거리더라니. 8월에도 축제가 많지만 9월에도 띠즈와 기계를 위한 날을 시작으로 인드라Indra라는 비의 신께 풍요로운 수확을 기원하면서 살아있는 여신 '쿠마리 여신'이 나와 축복을 내리는 인드라 자트라Indra Jatra로 이어진다. 인드라 자트라는 네와리 민족이 주로 기리는 축제라고 한다. 하지만 네와리 민족은 띠즈는 기리지 않는다고 했다. 10월에는 두르가 여신이 물소 마왕을 물리친 승리의 기념으로 우리나라 추석과 비슷하게 카트만두로 일하러 온 모든 사람들이 고향을 찾아 떠나는 더사인Dasain이, 11월에는 전기가 부족한 나라라고는 믿기지 않는 빛의 축제 띠하르Thihar가 기다리고 있어 네팔 사람들은 벌써부터 분위기가 들썩인다.

문득 궁금해졌다. 띠즈 때 정말 여성들은 남편을 위해 굶고 춤을 추는 것일까? 여성 입장에서 보면 분개할 일이지만 그런 축제를 하게 된 문화적 배경은 무엇일까? (이후 네팔 여자 가수가 띠즈 페스티벌이 다가오자 축제를 비판하는 가사를 담은 노래를 발표해 큰 반향을 일으켰다.)

우기가 끝나고 이제 건기가 시작되면 전기는 더 부족해질 것이고 헌법도 없이 불안한 정치적 상황 속에서 연신 번다가 예고되어 있다. 힌두교인들이 대부분인 네팔 사람들은 어떤 문화적, 민족적 배경으로 이런 축제가 많아진 걸까? 먹고 살기도 힘들고 정국도 불안한데 신께 기도 드리고 서로가 서로를 축복해주는 축제를 하면서 그것으로 위로를 삼는 걸까? 가난 속에서도 자연과 사람이 더불어 서로를 챙기는 네팔인들의 축제가 그냥 놀고먹는 축제로만은 생각되지 않는 이유이다.

신성 모독죄와
표현의 자유

❀ ❀ 네팔은 다양한 민족과 종교, 지형이 만들어내는 문화가 다채롭다. 각종 영화제와 전시회, 이벤트 앞에는 항상 '사회적 명분Social Cause'이 붙는다. 문화예술에 사회상이 그대로 녹아있기 때문에 사진 하나, 그림 하나, 영화 하나에도 몰랐던 네팔 사회의 모습을 볼 수 있어 흥미롭다. 네팔은 힌두교를 믿는 사람들이 80퍼센트가 넘지만 원칙적으로는 세속주의secularism를 택한다. 세속주의는 활동이나 정치적인 의사결정이 종교와 독립적으로 운영된다는 것이지만 힌두교가 강하다 보니 힌두교를 믿지 않거나 민족성에 따라 소를 먹는 민족인데도 소를 잡았다는 이유로 감옥에 간 이들이 있는 것을 보면 진정한 세속주의라고 보기는 어렵다.

네팔 미술작가들이 입에 검은색 테이프를 엑스자로 붙이고 손을 위로 들어 수갑에 찬 듯한 퍼포먼스로 시위를 한 적이 있다. 네팔의 마니시 하리잔Manish Harijan이라는 아티스트가 풍자적 그

림을 시타르타 아트 갤러리Siddhartha Art Gallery에 전시했다가 지역 주정부로부터 제재를 받은 것이다. 힌두교의 신들과 서양의 영웅을 복합적으로 섞어 그린 그림들이 문제가 되었는데 신성모독죄Blasphemy로 살인 협박까지 받게 되었고 이에 아티스트들이 거리로 나와 '표현의 자유'에 대해 시위를 벌인 것이다. 그림에 대한 판단은 각자에게 맡기겠지만 이는 힌두교가 깊숙이 자리 잡은 네팔의 한 단면을 보여준다.

얼마 전 카트만두 시티 뮤지엄에서 유엔 난민기구가 국제 난민의 날을 기념하여 진행한 전시에 다녀왔다. 주제는 부탄에서 넘어온 네팔 난민에 관한 것이었다. 동 네팔 지역의 키랏Kirat, 타망Tamang, 구룽Gurung 민족들이 '행복의 나라' 부탄으로 넘어가 부탄 남부의 사람이 살지 않는 곳에서 6만 명 정도의 네팔리가 경작일을 한 것은 오래전이라 한다. 부탄 남부는 곧 주요한 식량 공급

처가 되었고 19세기 후반 인구수가 늘어나면서 정치적 위협 요소로 느낀 부탄은 1985년 새로운 시민법을 통과 시켰고 1989년에는 전통 복장과 네팔어를 커리큘럼 상에서 금지시키기 시작하면서 1990년 이에 대한 저항으로 네팔리들이 시위를 시작했다.

결국 이들은 1990년도 말 네팔 동부지역으로 네팔리이지만 '난민'으로 넘어오게 되었다. 7개의 난민캠프가 꾸려지고 1992년 유엔난민기구UNHCR와 유엔세계식량계획WFP이 들어오게 되고 (2006년 조사한 바로는 이 난민의 인구수가 108,000명에 달했다) 미국, 호주, 캐나다 등 다른 나라로의 재정착 프로그램을 시작해 현재 거의 9만 명이 넘는 난민들이 제3세계로 떠났다고 한다. 망명신청자Asylum-seekers들은 처리 과정이 길어지면서 비자 문제로 매일 내야 하는 벌금이 하루 최대 5달러에 달하면서 생활고까지 겪고 있다. 행복의 나라라 불리는 부탄 내 네팔 이주 노동자들의 역사, 네팔인이면서 네팔 내에서 난민으로 살아가는 이들의 이야기를 접할 수 있는 전시였다.

✳ Gallery

Image Ark http://www.image-ark.com

세계문화유산인 파탄더르바르 광장에 위치하고 있어 고대 왕국의 분위기가 물씬 나는 갤러리이다.

Park Galley http://www.parkgallery.com.np

1970년 아티스트 라마 난다 조시(Rama Nanda Joshi)에 의해 설립된 갤러리로 모던 아트 교육에 앞장섰던 그의 뜻을 이어받아 여러 전시와 아트 페어가 지금까지 이어져오고 있다.

Siddhartha art gallery www.siddharthaartgallery.com

바버 마할Babar Mahal 콤플렉스 내 위치하고 있다. 다양한 예술가의 작품과 프랑스 식당 등이 위치해 있어 쇼핑과 전시를 동시에 즐길 수 있다. 네팔에서 현대 예술의 시작은 라나 왕조를 시작한 정 바하두르 라나Jung Bahadur Rana가 19세기 초반 영국을 방문하면서부터였다고 한다. 한국외대 인도연구소의 신민하 선생님의 글에 따르면 정 바하두르 라나는 원래 왕실 경호원 출신이었다고 한다. 정 바하두르는 왕실에 모여 있던 수백 명의 주요 인사들을 군대를 동원해 학살하고 영국으로부터 정치적 지지와 내정 불간섭 보장을 받는 대신 네팔 군인들을 영국군 지원 병력으로 공급할 것을 약속하고 스스로 종신 수상 자리에 오른다. 이후 100년간 라나와 그 후손들은 수상 자리를 포함한 온갖 요직들을 독점하고, 영국에 적극 협조하는 방식을 취하며 체제 및 권력을 유지해 나갔다고 한다.

Nepal Art Council http://www.nepalartcouncil.org.np

1962년에 설립된 비영리기구로 네팔의 예술 발전에 많은 역할을 하고 있다. 새로운 세대를 양성하고 네팔 현대 예술가들을 돕는 중추적인 역할을 한다.

✳ **Artist group**

아티스트 그룹들은 다양한 문화예술 강의와 사회이슈가 담긴 예술프로젝트 등을 다양하게 펼친다.

Kathmandu Contemporary Art Centre
http://www.kathmanduarts.org

Sattya http://sattya.org

M CUBE https://gallerymcube.wordpress.com

Bikalpa art center http://www.bikalpaartcenter.org

✳ **Film Festival**

네팔인권국제영화제 www.hrffn.org
서남아시아영화제 www.filmsouthasia.org
카트만두국제산악영화제 kimff.org
원주민영화제 www.ifanepal.org.np

✳ **Nepal Theater group**

Sarwanam www.sarwanam.org.np

1960년 국왕에 의해 의회가 해산된다. 국왕이 수상과 내각을 직접 임명하고 촌락의 장로가 중심이 되는 국가의 형태인 판차야트Pancha yati가 시작되면서 인권과 민주주의가 사라졌다 생각한 이 집단은 사회적 이슈에 기반한 이야기를 몸으로 표현하는 연극 집단이다. 네팔에 몇 없는 연극 집단 중 하나이다.

Circus Kathmandu www.circuskathmandu.com

네팔의 사회문제 중 하나가 여성들의 인신매매도 심하지만 아이들이 인도의 서커스단에 팔려가거나 납치되는 문제가 있다. 이런 문제를 해결하기 위해 프리덤 매터Freedom Matters라는 영국단체가 네팔 부투왈Butuwal 지역의 티나우Tinau강의 판자집촌 지역인 마즈후와Majhuwa라 불리는 슬럼지역(15년 전 대홍수로 휩쓸린 뒤 그냥 들어와 사는 빈민가가 되었다)의 아이들과 벽화 작업을 하고, 인도 서커스단에서 탈출한 네팔 아이들과 수와거뗨Swagatam(Welcome)이라는 서커스 공연을 올렸다. 아이들의 지우고 싶은 기억일 수도 있을 서커스를 매개로 아이들이 다시 사회와 소통할 수 있도록 지원하고 있다.

다시

랄리구라스

추위가
가져온 결과

❀　❀　　　　동거인 지나가 받아온 〈응답하라 1994〉를 연달아 10편을 봤다. 간만에 한국 드라마를 보고 깔깔거렸다. 빛의 축제인 띠하르가 지나고 점점 추워져 갔다. 다시 건기가 찾아오면서 전기 없는 어둠의 시간은 다시 길어지고 있었다. 저녁에 전기라도 들어오면 다행이지만 전기 없는 저녁에 촛불 켜고 밥하는 일은 정말 싫었다.

"지나! 안 되겠어. 추워서 못 있겠어. 우리 나가서 뜨거운 술이라도 마셔서 몸을 따뜻하게 하자!" 그렇게 추위를 핑계 삼아 여행자 거리 타멜로 나갔다. 나의 동거인 지나는 나보다 9살 어리지만 말이 별로 없었다. 옆에 와서 쫑알거리지도, 애교를 떨지도 징징대지도 않았다. 말 없는 건 나 또한 마찬가지였다. 같이 있어도 말하지 않고 각자의 시간을 보내고 그러다 문득 느낌을 공유하는 한 두 마디가 오갈 뿐이었다.

하지만 서로 잘 맞았던 성격 탓에 낯설지 않았다. 우리 둘은

같이 좋아하는 것들이 많았다. 마을에 가서 시간을 보내고, 낯선 여행지로 훌쩍 떠나 조용히 책을 보며 시간을 보내는 것도 좋아했고, 인도 영화를 보는 것도, 새로운 밴드를 찾아다니는 것도 좋아했다. 그렇게 시작된 밤들이 이어지면서 타멜에서 활동하는 각종 장르별 밴드를 섭렵했다. 어디에 가면 어떤 밴드가 어느 요일에 공연하는지까지 알게 되었다. 네팔 사람들은 술을 좋아하지만 법적으로 모든 호프집은 12시면 문을 닫아야 한다. 무슨 신데렐라도 아니고 밤 12시가 가까워 오면 아쉬움에 그득하여 다들 집으로 떠나야 했다. 하지만 몇 개 없는 나이트클럽은 새벽 2시까지 문을 열었다.

여행자 거리 타멜에서 주로 활동하는 밴드들은 여행객들을 위해 내가 처음 네팔에 왔을 때 들었던 레드 핫 칠리 페퍼스나 너바나 등의 음악을 주로 하고 오랫동안 사랑받았던 네팔의 유명한 밴드 음악을 되풀이 하는 커버밴드가 많다.

어느 날 하우스 오브 뮤직House of Music이라는 자기의 장르와 곡들을 가지고 활동하는 밴드들이 주로 공연하는 곳을 찾았다. 딱 봐도 '레게레게'하게 생긴 무리가 나오더니 신나는 레게 리듬이 시작된다. 자작곡들로 어디에서도 들을 수 없었던 곡들이다. 뒤이어 나온 혼성 3인조 밴드는 포스가 남다르다. 어떤 곡을 할지 궁금했는데 멘트와 가사가 대박이다. 다국적 기업 몬산토를 비판하고 소수민족과 여성들에 대한 가사를 담은 주옥 같은 노래들이 이어진다. 이들의 공연이 끝난 후 찾아가 CD를 어디서 살 수 있는지 물었다. 그 자리에서 CD를 건네주는 밴드 멤버와 기념사진까지 찍고 가사가 너무 좋다는 이야기만 백 번 하고 온 것 같다. 네팔은 사랑기, 시타르 등 인도 쪽에서 넘어온 전통악기를 다루는 네팔 전통음악 밴드부터 퓨전밴드까지 다양하다. 새로운 악기에 대한 호기심이 있다면 사랑기, 시타르 같은 악기를 제대로 배울 수 있는 기회이기도 하다. 추위가 가져온 결과는 가히 대단했다.

Kutumba http://www.kutumba.com.np

쿠툼바는 네팔의 전통악기를 연주하는 밴드로 퉁나Tungna, 아르바조Arbajo뿐만 아니라 사랑기 등의 다양한 악기를 접할 수 있다. 네팔의 전통적인 리듬과 다양한 악기가 빚어내는 음악을 듣고 있으면 음악에 취해버린다. 10년이 넘은 밴드로 대중들의 인기가 많고 모금을 위한 공연도 많이 하기 때문에 수시로 미리 일정을 체크해야 한다.

Cadenza http://cadenzacollective.com

네팔에서 거의 보기 힘든 '아프로 펑크 재즈'를 하는 실력 있는 밴드이다. 매년 10월에 열리는 카트만두국제재즈페스티벌http://jazzmandu.org 때 단골손님이며 주2회 정도 라짐팟에 있는 재즈 업스테어Jazz upstair에서 정기적으로 공연하는데 수준급이다.

Nepathya http://nepathya.com.np

1990년 초 결성된 포크락 밴드로 내전 기간 동안 앨범을 내 평화를 이야기 하기도 했다. 애국심을 고취시키는 노래들이 많아 아직까지도 예전 노래들을 연주하는 밴드들이 많다. 한국의 추석 같은 네팔의 더사인 기간이 되면 한국으로 와서 내한공연을 하기도 한다.

The Shadows 'Nepal' https://www.facebook.com/theshadowsnepal

20년 된 록밴드이다. 젊은이들 사이에서 인기가 많다. 멤버들이 주로 호주에 거주하고 있어 호주투어를 많이 하며 가끔 네팔에서도 공연을 한다. 멤버 중 보컬리스트 샵닐 샤르마Swapnil Sharma는 타멜 거리의 유명한 '퍼플헤이즈' 라이브 클럽을 공동 운영 중이라 정기적으로 노래를 한다. 또한 퍼플헤이즈는 매일 다른 네팔 밴드가 공연을 하기 때문에 외국인들에게도 인기가 많은 명소로 특히 나마스떼란 노래로 유명한 커브웹Cobweb 공연하는 주말엔 자리가 없다. 이외 1974AD와 비풀 체트리Bipul Chetri도 빼먹을 수 없다.

House of music https://www.facebook.com/houseofmusic09

다른 데서 잘 볼 수 없는 외국가수 공연이나 행사가 많다.

Dev Lama Class

Kathmandu Jazz Conservatory에서 오랫동안 기타선생님을 하다 개인학원을 차렸다. 여러 밴드 기타리스트로 활동 중이며 개인레슨은 인기가 많다.

음식으로
여행하다

❀ ❀   한국은 새해맞이 일출을 보러 간다고
난리 났을 오늘은 타무로사르로 구룽족의 새해이다. 하지만 높은
지대에 사는 구룽족은 또 다른 날을 새해로 기념한다고 한다. 셰
르파Sherpa 민족 역시 소남Sonam로사르와 갈포Gyalpo로사르로 나
뉜단다. '우리 센터에 직원들이 다 같은 민족도 아니고 얼마나 다
양한 민족이 있는데 그럼 도대체 몇 번을 쉬어야 하는 거야?' 결
국 민족별로 휴가를 줄 수 없어 1월 1일은 쉬지 않고 네팔 달력의
새해인 4월 중순의 공식 새해만 쉬기로 했다.

지나와 나는 직원들의 새해맞이가 궁금했다. 마침 카페 미뜨
니의 다와가 초대해줘서 셰르파와 티베탄 민족들이 모여 사는 보
우더 근처의 다와네 집으로 갔다. 다와는 셰르파 민족으로 저 멀
리 산악지역인 솔로쿰부 출신이다. 셰르파 민족은 높은 산악지대
에 살다 보니 산을 등반하는 데는 탁월한 체력과 적응력을 가진
민족으로 높이 평가받아 등반팀의 가이드로 많은 활동을 한다. 그

런데 간혹 한국분들을 만나면 셰르파가 그냥 가이드나 짐을 들어주는 포터를 칭하는 단어로만 아는 분들이 계시다. 셰르파는 보통 명사로 가이드나 포터를 칭하는 말로도 요즘엔 쓰이지만 원래는 민족의 이름이다.

다와는 여동생, 남동생과 공부와 일자리 때문에 카트만두로 내려와 작은 방 한 칸에 침대 2개 놓고 세명이 함께 살고 있었다. 방안에는 가스렌지와 온갖 식기도구가 있다. 셰르파 전통 의상을 차려 입은 다와와 함께 바로 옆 친척집으로 갔다. 삼촌과 숙모는 과자와 창부터 꺼내오셨다. 창은 우리나라 막걸리와 거의 흡사한 술로 고소한 맛이 있다. 대낮부터 창을 들이킨 나는 벌써부터 얼굴이 화끈거린다. 뒤이어 내어온 퉁바! 숙모가 집에서 직접 만드셨다고 한다. 홈메이드 퉁바라니, 퉁바는 조나 귀 같은 곡류를 발효시켜 거기에 따뜻한 물을 부어 빨대로 빨아 마시는 술인데 겨울철 지나와 나는 퉁바를 마시며 속을 따뜻하게 달래기도 했다. 쭉 빨아 마시는 순간 뜨거운 곡주가 들어오며 온몸이 뜨거워지면서 잠을 청하기 딱 좋은 술이었다.

네팔은 다양한 민족이 있다 보니 다양한 음식을 접할 수 있다. 셰르파 민족의 퉁바는 말할 것도 없고, 네와리 민족의 음식인 차타머리나 여머리Yomari도 색다르다. 여머리는 한국의 송편과 비슷하게 생겼는데 속에 다양한 고물을 넣어 먹기에 여머리만 먹는 축제가 따로 있을 정도이다.

네팔 식사에서 없어서는 안 될 중요한 두 가지는 '감자와 콜리플라워Cauliflower'라 불리는 꽃양배추이다. 렌즈콩lentil과 향신료를 끓여 '달'을 만들고 '밥(밧)'과 감자와 꽃양배추 커리를 만들어

먹는 '달밧'이 아침, 저녁으로 먹는 주식이기 때문이다. 낭비 없이 단출하게 쟁반 하나에 밥과 반찬을 담고 작은 국그릇 하나면 끝이다. 손으로 싹싹 비우고 설거지도 깔끔하다. 그 모습을 볼 때마다 자연스레 그들 앞에서 다시 겸손해지게 된다.

어둠 속의
식사

🌱 🌸   그렇게 새해가 왔고 새해가 되자마자
정신이 없었다. 이제 센터도 어느 정도 자리 잡아 점점 현지인들
사이에서 소문이 나기 시작했고 카페와 숍을 홍보하기 위해 각종
박람회와 이벤트는 다 나가야 했다. 오늘도 직원들과 전단지를 만
들어 뿌리러 다녔고 먼지 날리는 카트만두 거리를 그보다 더 먼지
날리게 다녔더니 콧속이 새까맣다. 저녁에 네팔 친구 프라빈에게
맛있는 카레를 해주겠다며 잔뜩 자랑을 하고 초대했는데 혼자 뭘
해야 할지 모르겠다. 자취생활은 오래 되었지만 요리하는 것에는
아무런 관심도 없었기 때문에 혼자 있을 때는 대충 사먹고 누군가
요리를 해주면 나는 항상 설거지 담당이었다.

그런 내가 지금 카레와 미역국을 한다고 온 부엌에 야채와
카레가루를 흩뿌려 놓았다. 도대체 물을 어느 정도 해야 하는지
감이 안 와 카레가루만 하염없이 휘젓고만 있는데 갑자기 가스가
떨어졌다. 오마이갓! 가스도 부족한 요즘 이 저녁에 가스를 시키

면 언제 온단 말인가. 이미 약속시간은 다 되어가고 급한 김에 윗
층으로 올라가 디디한테 SOS를 쳤다.

"디디, 잠깐만 가스렌지 좀 쓸 수 있을까요? 친구를 초대했
는데 카레를 끓이다가 가스가 나갔어요."

"여기 부엌에서 만들어서 내려가."

나는 미친 듯이 카레가루를 휘저었고 약속시간이 다되어 대
충 마무리를 하고 내려왔다. 대충 상을 차렸는데 이번에는 전기가
나가는 시간이다. 프라빈은 왔고 우린 촛불과 휴대폰 불빛에 의지
하여 저녁을 먹었다. 친구는 아무 말 없이 희미한 미소만 띄우며
밥을 먹었고 나는 불안한 마음으로 한 숟가락을 떠서 먹었다.

'아, 정말 맛 없다. 미안해. 친구야.'

그 뒤로 나는 네팔 친구들을 한국식당으로 초대했지 우리 집
으로 초대하진 않는다.

도착하자마자
목욕탕으로

❁ ❃　　　　　　　　차에서 내려 배낭을 내렸다. 공항까지
배웅 나와 준 네팔 친구가 목에 카다를 걸어준다.

"나, 아예 가는 거 아닌데. 2주 동안 가는 거야, 갔다 올 거라
고."

"그래도 안전하게 다녀와."

나는 네팔의 이런 축복과 기원의 문화가 좋다. 누군가를 환
영하거나 멀리 보낼 때 축복과 안전, 존경의 의미로 말라 꽃 목걸
이와 카다khata라는 스카프를 목에 걸어준다. 또한 일상적으로 사
원에 방문하거나 집에 방문을 할 때, 행사나 의식을 행할 때 이마
에 티카를 찍어주기도 한다.

네팔의 기본 인사말은 '나마스떼NAMASTE'이다. '내 안의 신
이 당신 안의 신께 인사드립니다. 내 안의 신이 당신 안의 신을 존
중합니다'라는 뜻이다. 이 말을 이해하는데 앞으로 더 많은 시간
들이 필요하겠지만 항상 오가는 인사말과 행동 하나하나에 담긴

네팔 사람들의 축복, 존중, 배려의 마음 씀씀이가 사랑스럽다.

그렇게 나는 네팔을 '잠시' 떠났다. 1년 더 있기로 결정하면서 나의 역할이 바뀌었다. 기존에는 여행 프로젝트에 집중하였는데 올해는 씨센터 전체를 총괄하는 역할을 맡게 되었다. 인천공항에 도착해서 화장실로 가서 거울을 보는데 당황스러웠다. 네팔에 있을 땐 전기가 부족해 거리는 항상 어두웠고 실내도 밝지 않았다. 어둠 속에서 내 얼굴을 보다가 밤인데도 눈이 부실 정도로 대낮 같은 공항의 거울에 비친 내 모습은 가관이었다. 언제 생겼는지 기미와 주근깨는 범벅이었고 옷은 잔뜩 얼룩져 보였다.

다음날 아침 눈을 뜨자마자 나는 목욕탕으로 달려갔다. 2주 동안 엄마 밥도 원 없이 먹고, 못 봤던 친구들도 만나 수다를 떨었지만 뭔가 나는 혼이 빠져있었다. 서울의 높은 빌딩들과 지하철은 숨 막혔고, 주스 하나를 사려 해도 종류가 너무 많아 선택하는 데 있어 결정장애를 보였다. 네팔은 자원이 한정되어 있다 보니 내가 찾는 물건이 있는 게 다행이었고 그걸 사면 됐는데, 한국은 너무나 많은 상품들이 과도하게 넘쳐나고 있었다. 사실 네팔에서 산 시간은 고작 1년이다. 살아왔던 시간들에 비해 턱없이 짧은 1년이란 시간이었는데 나의 마음은 혼란스러웠다. 카트만두가 오토바이와 경적소리로 아무리 정신이 없어도 높은 건물이 없기 때문에 항상 주변에는 산이 보였고 조금만 벗어나면 자연이었다. 그 자연이 주던 치유의 느낌이 있었다. 그런데 지금의 서울은 너무 답답하다.

달은 차고
이지러진다

🌑 ✳   "아샤, 수빈이 돌잔치 할 거야, 수빈이
돌잔치 때는 네팔 올 거지? 돌잡이도 하려고."
    지반 감독님과 창희 언니의 아들 수빈이가 한 살이 되었다.
네팔은 아이들이 처음으로 쌀을 먹은 날을 기념하는 날이 있다.
언니는 네팔에 한국의 문화를 보여주고 싶다며 작은 라이브 카페
를 빌려 준비했다. 수빈이와 지반 감독님은 네팔 전통모자인 토피
를 쓰고 나타났다. 청진기, 마이크 등 앞에서 수빈이가 무엇을 잡
았는지는 기억나지 않지만 한국과 네팔의 문화가 어우러진 분위
기는 잊을 수 없다.
    이렇게 나는 네팔로 돌아왔고 새로운 역할에 적응하느라 바
빴다. 여행 프로젝트를 넘어 알아야 하는 다른 업무들을 익히고
익혔다. 카페야 알아서 척척 다해내는 지나가 있었기 때문에 언제
나 든든했다. 직원들과 나가르콧으로 소풍도 다녀오고 가이드 교
육 3기 과정 홍보가 시작되었다. 평소 지나와 나는 달과 별 보는

것을 좋아했다. 어둠이 더 짙게 찾아오는 카트만두에서 보는 별은 언제나 밝았으며 1,300m에 위치해 있어서 그런지 달은 유난이 더 커 보였다. 매일 퇴근길에 달이 변화하는 모습을 보며 나의 시간도 그렇게 흘러감을 느꼈다.

지반다이한테 전화가 왔다.

"아샤! 사남이 결혼한대! 결혼식 가자."

"뭐라고? 여자친구도 없던 애가 무슨 결혼이야."

지반다이의 회사 직원인 사남은 네와리 민족이었다. 아직 민족과 카스트를 따져 결혼하는 네팔에서 특히 네와리 민족은 그런 문화가 더 강했다. 결혼 적령기가 되어 집에서 소개해준 여자와의 만남 후 바로 결혼날짜를 잡은 것이다. 사남은 형이 외국 여자랑 결혼할 때 집에서 엄청난 반대에 부딪혔기 때문에 본인은 부모님의 뜻을 거스를 수 없다는 이야기를 종종 했었다. 결혼식 날 다들 한껏 멋을 부리고 나타났다. 사남의 집앞에서 부인네 집으로 이동

하여 부인을 데리고 결혼식장으로 이동했다. 네팔에서의 결혼식
은 매우 길다. 몇 날 며칠을 춤추며 노래하고 마시기도 한다.

"아샤는 언제 결혼할거야? 네팔에서 그냥 결혼해!"

그렇게 일상으로 돌아왔다. 달은 차고 이지러진다.

오늘도
코라를 돕니다

❧　✻　　　　　　네팔 달력으로 올해는 4월 14일이 네
팔의 공식 새해이다. 네팔로 다시 돌아왔지만 언제나 갈림길 앞에
서있는 느낌이었다. 전기가 들어오기만을 기다리고 있다가 전기
가 들어오자 불을 끄고 촛불을 다시 켰다. 뭔가 새로운 동력이 필
요했고 나는 네팔의 새해를 핑계 삼아 오늘부터 다시 시작하는 날
이 되리라 다짐했다.

　　얼마 전 티베트 봉기 55주년을 맞이하여 네팔 내 중국대사관
앞에서 시위를 벌인 티베트인들이 체포된 후 티베트인들이 모여
사는 '보우더Boudha'에는 코라를 도는 티베트인들을 감시하는 네
팔 경찰 병력으로 가득 찼다. 열 걸음마다 만나는 경찰들. 보우더
나트는 지나와 내가 가장 사랑하는 장소이다. 제3의 눈이 그려진
불탑을 둘러싼 룽타(네모난 천에 경전이 적혀있다. 바람의 말이라
하여 말이 실제 그려져 있기도 하고 바람을 따라 천이 휘날리면서
경전이 읽히고 퍼져나간다 한다)들이 펄럭이면서 '옴마니반메훔'

음악이 보우더 내 울려퍼지면 세상이 평화로웠다.

　아침 저녁으로 보우더에는 코라를 도는 사람들로 넘쳐난다. 티베트, 셰르파, 라마 계열의 민족은 경전이 쓰여있는 자그마한 마니차를 돌리면서 오른쪽으로 사원을 돌며 기도를 드리는 문화가 있다. 정신이 어지러울 때 아무 말 하지 않고 그 속에서 같이 코라를 돌고 있으면 마음이 차분해진다. 코라를 돌기 싫을 땐 보우더가 한눈에 보이는 옥상카페에 올라가 하염없이 보우더를 바라만 봐도 좋았다. 현지인들이 살고 있는 뒷골목에는 라핑이라는 MSG 가득 들어있는 간식거리가 또 하나의 즐거움이었고 한국의 수제비, 칼국수와 비슷한 뗀뚝, 뚝바라는 음식에 통바 한 잔이면 직장인들이 퇴근 후 즐기는 삼겹살에 소주 한 잔과 비슷한 효과를 가져왔다.

　"한국에 학생들이 탄 배가 침몰했대. 어떡하니⋯."

　네팔친구가 걱정 섞인 목소리로 이야기 하는데 나는 처음엔 심각하게 생각하지 않았다. 네팔에 온 후로는 정신 없는 한국뉴스를 보기 싫어 일부러 보지 않았고 한국 정도의 기술과 상식이라면 당연히 바로 구조했으리라 생각했기 때문이었다. 하지만 며칠이 지나도 나아지지 않았고 심각해져만 갔다. 4월 16일이었다.

　이틀 후 보우더에는 슬픔이 가득했다. 에베레스트 눈사태로 죽은 셰르파 가이드 13명의 가족들이 슬픔으로 부둥켜안고 우는 사진을 보았다. 멀리서 뉴스를 새로고침 해도 마음만 무거운 한국의 뉴스가 며칠째였는데 내가 사랑하는 보우더에도 슬픔이 가득했다. 오늘은 보우더에 가서 묵묵히 코라Kora를 돌아야겠다. 한국과 네팔의 슬픔을 위해. 아니 '위해'라는 말은 적절치 못하다. 몇 바퀴를 돌아야 할까.

대자연보다
경이로웠던 것

🌼 🌸 네팔에 케이블카가 유일하게 있는 곳
이 있다. 포카라 가는 길목에 '마나카마나 사원'이 그곳이다. 마나
카마나라는 여신은 소원을 들어주는 여신이기 때문에 많은 사람
들이 기도를 드리러 사원에 줄을 잇는다. 사원이 강 건너 산 꼭대
기에 위치해 있기 때문에 그 사원을 이어주는 케이블카가 생겼는
데 사람들에게 인기가 많다. 우리 프로젝트 마을이 그 사원 뒤편
에 있어 벅터 씨랑 모니터링을 하러 마나카마나 사원에 들렀다.
비가 내리고 있었지만 사원은 신발을 벗고 맨발로 들어가야 했기
에 사원 주변에는 빗속에 맨발로 서서 신께 바칠 염소의 목에 묶
여진 끈을 잡고 자기 차례를 기다리는 사람들로 가득 차 있었다.

사원에서 30~40분 정도 걸으면 베뜨니라는 머거르족이 사
는 마을이 나온다. 40여 가구 정도 사는 작은 마을이다. 나는 학
교 운영위원장님 댁에 머물렀다. 손자들은 할머니와 신기한 외국
인 앞에서 춤을 추며 재롱을 부리느라 정신이 없고 며느리는 조용

히 우리를 위해 밥을 짓고 계셨다. 아이들 손을 잡고 마을 구석구
석을 돌아다녔다. 안 그래도 물이 부족한데 몇 년 전 외국기관에
서 심어놓은 나무가 물을 많이 흡수하는 나무라 계속 물이 부족해
지고 있다며 하소연이시다. 네팔은 돈이 있는 집이야 물을 사다
가 물탱크를 채우지만, 일반적으로 공동 우물가에서 통에 물을 받
아다가 쓰거나 공동 우물가에서 목욕을 하기도 한다. 여기도 공동
수도 앞으로 줄이어 서있는 물통들이 눈에 띈다. 이곳에 오다 지
나왔던 사원에서 뵈었던 동네 아저씨가 거나하게 취하셔서 들어
오고 계셨다. 사원에서 하루 종일 신께 바쳐질 염소들의 목을 자
르는 일을 하신다고 했다. 하루 종일 염소들을 죽이고 나서 피를
씻듯 독주를 마시고 오시는 게 일상이라 했다. 밤이 지나고 아침
이 찾아왔다.

마을 주민들이 손에 쌀과 꽃이 든 나뭇잎 접시를 들고 찾아
오기 시작했다. 마당 앞 나지막한 돌담 위로 형형색색의 접시들이

쌓이기 시작했다. 무슨 일이냐고 물으니 마을에 비가 오게 해달라고 기우제를 지내는 날이라 다 같이 행사 전에 신께 기도 드릴 뿌자 용품을 들고 모이는 거라 했다.

네팔은 축제 및 마을의 다양한 행사로 이어지는 공동체성이 살아있다. 카트만두로 돌아오니 천둥번개가 치고 드디어 비가 내린다. 건조한 돌산 아래로 집들이 옹기종기 보인다. 네팔 국경을 넘어 지났던 티베트의 어느 땅, 히말라야가 습기를 차단하여 건조한 땅으로 알려진 티베트. 벌거벗은 돌산에 줄기 없이 바로 핀 꽃나무들과 눈산, 그리고 건조한 집들. 네팔의 농촌을 시시때때로 지날 때마다 어느 계절엔 곱게 씨 뿌려 자란 녹색 들판을 만들어 놓으시고, 어느 계절엔 황금들판 옹기종기 모여 볏짚을 줄 맞춰 늘어놓으신 모습에 작품을 보는 듯했다.

그러나 티베트 땅의 대자연보다 경이로웠던 것은 결국 네팔인들의 삶의 모습이었다. 나는 얼마나 내 손으로, 내 힘으로 할 줄 아는 게 있을까 하는 부끄러움이 들었다. 그리고 내 삶은 얼마나 의존적인가. 선풍기와 각종 전자제품에, 아무리 먹어도 채워지지 않는 식탐에, 결국 내 것인 것은 하나도 없다지만 그래도 내 것을 챙기려는 이기심에.

사파나가
꿈을 꿉니다

❦ ❀　　　　　　네팔로 돌아온 이주 노동자들은 잘 되
는 경우 한국인 대상의 여행사나 한국식당을 운영하기도 하지만
다시 돈을 벌기 위해 재이주 노동을 떠나기도 한다. 이런 측면에
서 한국문화를 잘 아는 귀환이주 노동자분들께서 네팔에서 지속
가능한 관광산업문화를 만드는 활동에 참여하는 것은 사회적으로
유의미한 일일 것이다.

　3박 4일로 떠난 현장가이드 실습 여행의 첫 도착지는 '정글의
심장'이라고 불리는 치트완Chitwan 지역이었다. 이 지역은 전통적
으로 '타루족'이 살아왔던 지역으로 치트완 국립공원은 자연유산
으로 지정되어 있고 많은 이들이 정글 지프사파리부터 카누체험,
타루족 문화체험 등을 즐기러 온다. 이번 실습에 참여하는 분들은
심화과정으로 모두 한국에서 이주 노동 경험이 있는 아저씨들이
었다. 우리는 치트완에 대한 공부로 가이드 할 때 유용하게 많이
쓰는 한국어 단어시험부터 40도의 더위 속에서 열심히 서로의 실

습을 도왔고 공원과 마을 사이를 유유히 흐르는 '랍띠Rapti' 강변에
서는 서로의 느낌을 한국어로 표현하는 시간도 가졌다.

실습 내내 우리의 화두는 '꿈'이었다. 치트완에서 꿈의 사나
이를 만났기 때문이었다. 유명한 여행가이드북인 론니플래닛 네
팔편에도 소개되어 있는 곳으로 타루 공동체의 지속 가능한 발전
을 위한 다양한 사업을 진행하는 숙소 '사파나 빌리지 롯지Sapana
Village Lodge'의 대표로 두르바 기리Dhurba Giri란 남자였다. 이곳에
서 태어나 자란 두루바는 12살 때부터 치트완의 한 레스토랑에서
웨이터를 시작했고 네덜란드에서 온 사람을 만나게 되어 꿈을 이
야기하게 되고 네덜란드에서 온 사람은 이 지역 마을의 주요 민족
인 '타루족' 공동체에 도움이 되는 일을 하는 조건으로 지원을 시
작하여 네덜란드에서 호텔경영에 대한 공부까지 마치고 돌아와
랍티 강변에 자그마한 호텔을 시작했다가 현재의 자리에 크게 이
전을 하게 되었다고 한다. 사파나Sapana는 네팔어로 '꿈'이란 뜻이

다. 웨이터로 시작한 이 남자는 꿈을 꾸었고, 꿈을 지원하는 이가 있었고, 결국 꿈을 이루었지만 현재 또 다른 꿈을 꾸는 중이다. 2007년 이 숙소를 운영하게 되었는데 초기부터 여성들의 수공예품 제작기술 프로젝트Sapana Women Skill Development를 시작하여 숙소 옆엔 여성들의 작업장이, 숙소 내 마당에는 이들이 만든 물품을 판매하는 숍을 두고 있다.

또한 치트완 지역 아이들의 30퍼센트가 학교에 가지 못하고 있다는 사실에 올해부터 학교를 시작하여 600명의 아이들을 가르치면서 본인과 같이 아이들이 교육을 통해 꿈을 키울 수 있도록 지원하는 사업을 한다. 이뿐만 아니라 무이자소액대출Micro Credit사업과 타루족 주민들에게 수익의 50퍼센트가 돌아가게 만든 여행 프로그램이 있다. 우리는 타루족 여성들과 함께 전통적인 방법으로 강에서 낚시를 하고 직접 주민들의 집에 가서 요리를 만들어 먹고 여성들의 전통 춤을 배워보는 체험을 했다.

한 소년이 꿈을 꾸었고 숙소를 통해 마을과 여행자들을 연결하며 마을공동체를 만들어 나가고 있다. 실습 내내 우리의 화두가 꿈이었듯이, 우리 귀환이주 노동자분들은 어떤 꿈을 꿀 것이며 우리는 서로의 꿈을 어떻게 나눌 것인지에 대해 고민해봤다. Sapana가 꿈을 다시 꾸듯이. 나도 다시 꿈을 꾼다.

네팔의 공정무역 거리 '꾸폰돌'

네팔의 여성들 손재주는 뛰어나다. 무급노동을 많이 하는 여성들이 경제적 기회를 얻을 수 있는 분야는 '공정무역Fair Trade'이다. 공정무역은 생산자가 누구인지 알 수 있고 여성들이 사회에 참여할 수 있는 기회를 제공하고 정당한 임금을 제공한다. 작업환경에 신경을 쓰고 아이들이 교육받을 수 있는 지원도 한다. 네팔의 매력 중 하나로 쇼핑을 손꼽는데, 파시미나와 펠트 제품, 천연염색 제품, 다양한 팔찌와 종교적 상징물들은 여성들의 손을 거쳐 탄생한다. 타멜에서 바그마띠강을 지나자마자 나오는 꾸폰돌Kupondol의 히말라얀 호텔 주변은 이런 공정무역 단체들의 숍이 몰려 있다.

Sana Hastakala http://sanahastakala.com

1989년 유니세프의 지원으로 설립되었지만 빠른 시간 안에 자립하고 성장했다. 현재 1,200여 명의 소생산자들과 일하고 있으며 세계 각국으로 수출하고 있다.

Dulkuti(Association for Craft Producers) www.acp.org.np

청동제품들이 특히 뛰어나다.

Manushi www.manushiarts.com

나염 제품이 독특하다.

Mahaguti www.mahaguthi.org

파시미나 제품이 뛰어나며 최근 포카라에도 매장이 생겼다.

WSDO(Womens Skills Development Organization)
www.wsdonepal.org

포카라 중심이었지만 최근 카트만두 타멜, 치트완에 멀티숍을 오픈
했다. 제품의 디자인이 뛰어나 가방은 인기가 많다.

KTS(Kumbeshwar Technical School)   www.kumbeshwar.com
아이들을 위한 학교도 같이 운영하고 있고 한국의 공정무역 회사인
페어트레이드코리아 그루에서 아이들이 그린 그림으로 다음 해의 달
력을 만들어 판매하고 있다. KTS는 니트제품이 뛰어나다.

The village cafe   http://sabahnp.org/the-village-cafe
남아시아지역협력연합(SAARC)발전기금에서 가내수공업을 위주로
하는 여성들이 만든 제품을 판매하고 있으며 네와리 음식 전문식당
도 함께 운영한다.

Folk Nepal   www.folknepal.com

Janakpur Womens Development Centre
자낙푸르 지역은 네팔의 남부지역으로 원래 미틸다 왕국이었다. 미
틸다 양식은 자낙푸르 지역의 여성들을 통해 대를 이어져 내려왔다.
집의 외벽에 그림을 그린 것들이 지금까지 내려왔고 독특한 양식 때
문에 천에 프린트 되어 나오는 제품들이 인기가 많다. JWDC의 제품
들은 마하구띠 등의 숍에 들어가 있다.

Fair Trade Group of NEPAL   http://www.fairtradegroupnepal.org
네팔공정무역연합체로 더 많은 곳들의 정보를 얻을 수 있다.

열두 가지
여행 팁을 드립니다

🌸 🌸   씨센터에 6개월 정도 단기로 일할 인력이 한국에서 왔다. 르완다에서도 2년간 활동했던 윤정씨는 많은 도움을 주었다. 직원들과 비전 워크숍을 열기도 했고, 1주년 기념식 이후로 매달 바뀌는 카페 내 갤러리 일을 도맡아 하기도 했다. 언제나 긍정에너지인 그녀는 또 다른 조력자였다. 네팔에서 꼭 해보고 싶었던 일이 있었던 나는 윤정씨에게 부탁했다.

"윤정, 여행자 거리 타멜에서 캠페인을 해보고 싶어요. 여행객들이 네팔의 문화를 존중하고 자연을 소중히 다룰 수 있도록 팁을 만들어서 설명해주면 어떨까 하는데."

그녀는 흔쾌히 수락했고 곧바로 작업에 들어갔다. 타멜로 책상과 배너, 캠페인 용품을 들고 타멜 거리로 나갔다. 타멜촉은 삼거리로 여행객들로 붐비는 중심지였다. 타멜촉에서 근무하는 경찰들에게 우리의 캠페인을 설명하고 장소를 허락받았다. 12가지 팁을 새긴 단체티까지 맞춰 입고 나간 우리를 보며 네팔 상점 상

인들도 지나가는 여행자들도 관심을 갖기 시작했다.

우리는 열심히 12가지 팁에 대해 설명하고 그들에게 사진을 요청했다. 다양한 국적의 여행자들과 네팔인들은 우리의 캠페인을 진지하게 들어줬다.

하지만 갑자기 쏟아 붓는 비로 인해 일찍 접어야 했다. 하지만 이후 네팔의 유명한 여행사이자 우리가 가이드 교육 강사로 초청했던 소셜투어스Social Tours 사장님도 네팔에서 거리 캠페인을 직접 하는 행동파는 처음이라며 칭찬해주셨다. 이렇게 꿈은 이루어진다!

샤먼과 함께
춤을

❀ ❀ 매년 8월 보름달 뜨는 날 힌두교인들의 중요한 3대신 중 가장 인기가 많은 시바shiva 신의 호수인 코사인쿤두에서 특별한 축제가 있다는 이야기를 들었다. 힌두교인들에게는 코사인쿤두의 물이 네팔 주요 강인 트리슐리강의 기원이 되었다고 해서 호수의 물을 매우 신성시 하고 매년 8월 보름달 저나이 뿌니마Janai purnima(purnima는 보름달이란 뜻이다) 축제 때 이 호수에서 목욕을 하고 뿌자를 드리기 위해 일부러 찾는 곳이다.

하지만 호수가 있는 라수와Rasuwa주는 타망민족과 티베탄-욜모Yolmo 민족이 가장 많이 거주하는 지역으로 몽골리안 계통의 티베트 문화를 보존하고 있는 이들에게는 힌두교의 시바신이 아닌 관세음보살Avalokitesvara신의 호수로 다른 이야기를 가지고 있다. 타망민족들은 마을마다 봄포Bompo(타망언어로 샤먼을 뜻한다)가 있고 이 샤먼이 마을 사람들을 이끌고 코사인쿤두에 와서 샤먼들과 함께 축제를 벌이는 날로 힌두교와 타망샤머니즘과 티베탄 불교 문화를 한날에 동시에 체험할 수 있는 특별한 날이다. 우기 시즌에는 히말(눈 덮인 산)도 보이지 않고 비 때문에 걷는 것이 힘들기 때문에 트레킹을 잘 가지 않지만 나는 이 특별한 경험을 하기 위해 주변의 걱정에도 불구하고 한국 공정여행가이드북 '희망을 여행하라'에도 소개되었던 네팔의 공정여행사 쇼셜투어스를 통해 8박 9일 트레킹을 선택했다.

트레킹을 떠나기 전 나의 가이드인 젊은 청년 라마와 한 번 만나 트레킹에 대한 설명을 들었다. 그리고 떠나기 전날 아침에 라마는 내가 챙겨야 할 준비물 리스트를 보내오면서 준비하러 같이 가주겠다고 했으나 나는 전날 저녁까지 일을 하고 가야 해서 최선을 다해 챙겨보겠다는 말만하고 당일 아침에 집 근처에서 만났다. 라마와 나를 도와줄 여자 포터 다푸띠Dafuti란 친구와 셋이 한 팀이 되어 우리 트레킹의 출발지인 순다리잘Sundarisal 로 이동하였다.

라마는 팀 이름을 내 네팔어 이름인 아샤Asha(희망이란 뜻)로 짓자고 하고 네팔의 10개 국립공원 중 시바뿌리국립공원Shivapuri NP에 속하는 순다리잘 입구에서 간단하게 찌아와 셀로티를 먹으며 우리의 일정에 대해 다시 이야기 했다. 순다리잘은 수도 카트만두 물의 공급처인 곳이기도 하다. 라마는 타망민족이다. 네팔에는 민족에 따라 다양한 세부민족으로 나뉘어 최대 약 100여 민족이 있다고 한다. 그는 네팔리이면서 타망민족에서도 봄잔이란 민족이다. 트레킹 내내 만난 대부분의 사람이 타망민족이어서 라마는 타망언어로 이야기를 주로 많이 했다.

라마는 타망민족이라 샤머니즘과 불교도 믿지만 힌두교의 나

라 네팔에서 태어나고 자라면서 힌두교도 믿는다. 불교와 힌두교 토착신앙에 대해 적절하게 조화롭게 받아들이며 삶의 일부로 받아들인다고 했다. 올라가는 길은 내내 주민들이 심어놓은 대마초밭이다. 시바신이 즐겨했다는 대마초. 우기이기 때문에 아침 해가 뜨고 난 후 반짝 해가 나고 오후 3~4시가 되면 으레 안개가 끼고 비가 내렸기 때문에 우리의 트레킹 일정은 매일 아침 7시에 아침을 먹고 8시 전에 떠나 오후 3~4시경에는 다음 목적지에 도착해야 하는 일정이었다. 치소빠니에 도착하여 차가운 몸을 따뜻한 찌아 한 잔으로 녹이며 셋이 모여 라마가 가져온 나침반과 지도를 펴놓고 내일 걸어야 할 길에 대해 설명을 들었다.

"아샤, 나는 다푸띠가 평생 자신의 시간을 포터로 살아가길 바라지 않아. 불교에서 자기가 아는 것은 나누라고 했어. 나는 다푸띠가 계속 배워야 한다고 생각해." 라마가 말했다.

그러고선 다푸띠를 앉혀 놓고 지도 읽는 법, 나침반 이용하는 법, 지도상에서 거리 재는 법 등을 가르치기 시작했다. 첫날 그렇게 시작된 라마의 교육은 트레킹 내내 밤이고 낮이고 지속되었다. 트레킹 막바지에는 다푸띠도 노트에 적어두었던 것을 복습하며 혼자 열심히 하는 모습을 보였다. 다푸띠는 이제 20살로 히말 지역인 솔로쿰부에서 온 셰르파 민족이며 히말 등반가이드로 오랫동안 일하고 있는 큰오빠를 보고 히말에서 내려온 지 1년 정도 되었고 주로 포카라 지역에서 한국에서도 유명한 여성포터, 가이드 양성전문 사회적기업인 3sisters와 함께 일했다고 했다. 그리고 카트만두로 넘어와선 여행자 거리인 타멜에서 트레킹용품점 점원으로 일하는 작은오빠와 둘이 살고 있다.

　둘째날의 목적지는 쿠툼상Kutumsang이다. 출발하고 얼마 지나지 않아 아들, 딸과 코사인쿤두에 가는 타망 가족을 만났다. 그들의 목적지는 쉬엄쉬엄 길을 걸어 친구들이 있는 쿠툼상 전에 위치한 마을까지만 가신다고 했다. 그러면서 우리는 오늘 어디까지 갈 예정이냐고 물으셨는데 우리는 쿠툼상까지 가겠다고 하니 나를 쳐다보시며 아버님께서 "저 딸내미가 갈 수 있겠어?"라고 걱정을 하셨다.

　2,500m가 되니 샤워시설도 없고 전기도 없다. 온 마을이 태양열을 이용하는데 우기라 햇빛도 없어 전기도 없다. 휴대폰은 2일째를 지나며 배터리가 꺼졌다. 그렇게 올라갈수록 상황은 악화되어 결국 땀도 흠뻑 흘리고 비도 맞으며 뒤죽박죽 된 내 몸은 4일 내내 샤워를 하지 못한 채 호수를 지나게 되었다. 나는 피곤한 마음에 시원한 맥주를 들이켰는데 라마는 내일은 3,690미터까지

올라가야 하니 오늘이 본인이 허락하는 마지막 맥주라며 국을 좀 먹어야 도움이 된다며 국을 시킨다. 라마의 이야기를 들어야지 별 수 있나.

삼일째는 타레파티Tharepati를 향하는 날, 랑탕국립공원Lang tang National Park 지역으로 들어섰다. 고도가 급격히 달라지면서 생물다양성도 달라진 것을 느낄 수 있었다. 라마가 나무의 생김새를 보라며 가르킨다. 현지인들이 오늘 오를 길을 가르키며 몇 시간 걸린다고 이야기할 때마다 라마는 장난스럽게 듣지 말라며 내 눈과 귀를 막았다. 내가 트레킹 동안 배운 정확한 네팔어 한마디는 '우깔로(오르막길)'였다. 우깔로만 몇 번을 들었는지 모르겠다.

어떻게 걸어왔는지 모르겠다. 코사인쿤두를 앞둔 전날, 페디Phedi(3,730m)까지 도착해야 하는 날이다. 가는 동안 흥에 겨운 네팔아저씨가 연신 소리를 지르시는데 좀 과하다 싶었다. 라마는 아저씨께 자연을 존중하고 다른 여행객을 존중하는 마음을 가져야 한다며 소리지르는 것을 좀 자제해 달라고 말했다. 어제, 오늘 연속 걷는 동안도 비가 내려 우비를 입고 걷는데 4천미터가 다다르자 내 숨도 너무 가빠져 한 걸음, 한 걸음 내딛기가 너무 힘들다. 장대비는 내리고 내 다리는 힘이 풀렸다. 그렇게 도착한 롯지에는 이미 인산인해이다. 각자 다른 속도로 걸었던 네팔리들이 코사인쿤두를 앞둔 롯지에서 다 같이 만난 것이다. 이튿날 만났던 타망 가족도 오셨다. 다들 모르는 사이지만 같은 길을 걷다 만났던 이들이고 다 같이 코사인쿤두를 향해 가는 이들이다. 높은 고도에서 비는 내리고 추운 상황에서 난로 앞에 다 같이 모여 네팔 전통 쿠쿠리럼을 꺼내 따뜻한 물과 섞어 마시며 하나가 되어 축제를 기리며 춤과 노래가 오갔다. 나도 따뜻한 럼이 너무 마시고 싶었지만 고산병을 걱정한 라마의 강력한 제지로 참아야만 했다. 서로 어디서 왔냐, 무슨 민족이냐를 물으며 서로 알았던 이들처럼 하나가 되었다. 라마도 이들과 하나가 되어 춤을 추며 흥을 돋운다.

호수를 앞둔 전날 밤, 다들 흥에 겨울 때 우리 셋은 한 방에 모여 이야기를 시작했다. 라마의 이야기가 시작되었고 나는 그 날 밤, 라마의 꿈을 듣고 다시 한 번 그가 앞으로 만들어갈 그의 미래가 궁금했다. 라마는 트레킹 일을 시작한지 이제 4년 정도 된 꿈이 명확한 친구였다.

네팔 친구들은 어렸을 때부터 공부와 일을 병행하는 것은 당연한 문화이다. 대학교나 석사과정도 새벽 6시에 수업이 시작되고 수업을 마치고 일을 하며 집에 돌아가서는 동생 밥까지 챙겨주며 공부, 가정일, 일을 병행한다. 그래서 20대 초반에 자기 비즈니스를 시작하는 게 전혀 이상하지 않다. 라마는 다재다능한 친구이다. 암벽타기로 최근 네팔라면 TV CF도 출연했고 취미로 밴드 옆집남자들The Boyz Next Door에서 보컬과 드럼을 담당하기도 한다. 일반 트레킹가이드 자격증은 땄지만 7~8천미터가 넘는 히말 지역 등정은 전문 등반가이드자격증을 따로 따야 한다고 한다. 라마는 이제 그 기초과정을 수료했고 히말라야 등정 때 포터로 따라다니며 경력을 쌓은 후 자격증을 딸 거라고 했다. 그 과정이 이제 4년 정도 남았고 그 이후에는 국제등반가이드 자격증을 따 국제적으로 활동하고 싶다고 했다. 어린 나이에 자기 길을 찾아 시작했고 꿈도 야무지고 그것을 위해 차근차근 코스를 준비하는 멋진 친구였다.

"아샤, 나는 지금 우리 가족 생활비의 80%를 내가 책임지고 있어. 어머니가 나를 임신하셨을 때 동네에서 구운 옥수수 장사를 했는데, 옥수수가 갑자기 소쿠리에서 다 떨어졌는데 배가 너무 불러 주울 수가 없으셨대. 형은 호텔 주방 보조 요리사로 일해. 내가 부모님께 최선을 다하는 게 내 당연한 일이라 생각해. 어렸을 땐 6개월 동안 미국 웹사이트 제작회사 콜센터에서 근무했었어(영어가 가능한 필리핀, 인도, 네팔에 콜센터를 두고 낮은 인건비로 비용을 줄이는 해외기업들이 많다). 나는 네팔에서 일하지만 미국이라고 거짓말을 했었어. 밤 12시에 출근해야 했고 너무 지쳤었어. 에베레스트산(사가르마타)은 네팔에 있어. 네팔은 가능성이 있는 나라야. 나는 가르치는 일이 너무 좋아. 나중에 아웃도어 학교도 열고 싶어. 배낭 싸는 법, 응급처지, 야외에서 밥하는 법, 텐트 치는 법 등을 가르쳐 주는 거지. 하지만 욕망과 흥미를 잘 조절해야 해. 모든 것을 다 할 순 없기에 그럴 때에도 항상 긍정적 에너지는 잃지 말아야 한다고 생각해."

라마는 네팔에 대한 자부심과 자신에 대한 꿈이 명확한 친구였다. 또한 트레킹 내내 바쁜 식당 일손을 자처했고 고산병으로 힘들어하는 사람들마다 약을 주고 따뜻한 물을 챙겨주고 결국 본인의 텐트에 재우기도 했다. 그러면서도 9일 내내 싫은 표정 없이 주변 사람들에게 따뜻한 마음과 환한 웃음을 보여주었던 친구였다. 코사인쿤두를 하루 앞둔 밤, 나는 그에게 너무 값진 이야기를 들었다. 드디어 내일 호수에 도착한다.

삶은
특별한 모험이다

❀ ❀　　　　　코사인쿤두로 향하는 오늘, 네팔분들은 새벽 5시부터 난리다. 물 한 병을 서로 나눠 칫솔질만하고 머리에 물을 좀 묻힌 후 찌아 한 잔을 마신 후 떠난다.

축제라 모두들 몰리기 때문에 몇 채 없는 숙소를 잡기 위해 빨리 떠나야 한다고 했다. 하지만 우리 팀만 여유롭다. 축제로 인해 터무니없이 올라가는 숙소 비용과 복잡한 환경을 예상해 소셜투어스에서 이미 지역주민을 섭외해 우리만의 텐트를 쳐놓으셨다고 했다. 감동, 감동! 라마는 다들 자리가 없으면 소 외양간이라도 잡아 누워야 할 것이라고 했다.

코사인쿤두를 맞이했을 때, 축제를 즐기러 모인 이들을 만났을 때 어떠한 느낌이 들까? 4천미터가 가까워지면서 산도 다른 모습이다. 출발 후 돌산이 가득한 길 중간중간 힘들만 할 때마다 임시 찌아집이 나타난다. 이들도 정부로부터 7일간의 허가를 받고 임시 찌아집을 연다고 했다.

간단한 감자, 라면, 찌아를 주는데 허름한 천막 하나 쳐놓은 찌아집으로 들어서는 순간 평온함이 느껴지는 부녀가 있었다. 13살 된 큰 딸은 아빠 옆에서 조용히 일을 도와드리고 있었고 인자한 미소만큼 맛있는 찌아를 내주시는 아저씨는 미소가 아름답다.

우리 숙소에서 같이 출발한 네팔 청년 8명은 2명의 나이 많으신 포터를 고용해 1명당 4개씩의 짐을 맡기고 올라갔다. 한눈에 보기에도 어깨에 들려진 짐의 무게가 그들의 발걸음과 숨소리로 느껴졌다. 중간중간 찌아집마다 포터들을 만났고 이들은 힘듦을 잊기 위해 전통 술인 락시를 연신 들이킨다. 2명 중 한 명은 먼저 올라갔는데 다른 1명은 속도를 내지 못한 채 술만 마신다.

찌아집을 떠나는데 또 산 중턱에서 누군가 라마를 부른다. 외국인이 거의 찾아볼 수 없는 이 트레킹 코스에 유일한 가이드가 라마이니 전부 라마에게 약을 달라고 한다. 구급약통을 꺼내 라마는 일일이 아는 선에서 최선을 다해 일러준다. 돌산들이 내 눈 앞에서 어질어질 해질 즈음 라마는 우리가 이 코스의 최고 높이에 있는 라우레비나 패스Laurebina pass(4,600m)를 통과해야 호수를 만날 수 있다고 했다.

며칠째 샤워도 못하고 걷고 있는 나는 지금 아무 생각이 없다. 하지만 내 눈 앞에 들어오는 맨발로 묵묵히 순례의 길을 걷는 티베탄들과 장엄한 자연과 돌산의 위엄만이 어우러져 눈에 들어온다. 이 패스에서는 다들 더 이상 높은 곳이 없기 때문에 스틱을 시바신에게 바치고 다시 호수로 향한다.

드디어 패스를 넘었고 패스를 넘자 코사인쿤두 호수 주변으로 있는 다른 호수들을 지나게 된다. 돌산이 품고 있는 듯한 형용

할 수 없는 푸르른 호수들이 눈에 담긴다. 계속 뒤돌아보며 내 눈 안에 호수를 담고 싶지만 형용할 수 없는 호수의 색은 계속 눈을 흐리게 만든다.

　　호수를 지나 코사인쿤두에 다다랐지만 우기의 날씨로 호수 주변은 안개로 뿌옇고 호수가 한눈에 보이지 않는다. 그저 군데군 데 들리는 마을 무리들의 노랫소리와 북소리만 안개를 뚫고 들릴 뿐이다. 호수로 내려가니 역시나 난민촌을 연상케 하는 텐트들과 고산병을 호소하는 땀과 비에 범벅이 된 현지인들로 아수라장이 다. 갑자기 라마는 흥분해서 소리쳤다.

　　"저기 샤먼의 무리가 와!"

　호수 옆길로 샤먼들이 이끌고 온 마을의 무리가 장단을 맞추며 사원을 향한다. 우리 셋은 흥분으로 들떠 있었다. 텐트에 짐을 풀고 시바신 사원으로 내려오니 이미 사원 옆으로 동그랗게 원을 그리고 남녀 무리들이 전통 춤을 추기 시작했다.

　하지만 얼마 가지도 못하고 나는 추위와 누적된 피로로 다시 돌아와 텐트에 들어가자마자 뻗었고, 밤이 깊어갔지만 비가 와도 그들의 춤과 노래는 끊이질 않았다. 텐트로 떨어지는 빗소리와 저 멀리 호수 근처에서 들리는 노랫소리가 자장가였다. 4,300미터가 넘는 이 신성한 호수에서 빗소리를 들으며 텐트에서 자는 느낌이란 정말이지 복잡미묘했다.

　　노랫소리로 축제 당일 새벽 텐트에서 눈을 떴다. 보름달이
뜨는 오늘은 타망과 티베탄 – 욜모 민족들은 샤먼들과 벌이는 축
제이지만 힌두교인들에게는 저나이 뿌니마janai purnima 축제날로
신성한 호수에서 뿌자를 드리고 몸과 손목에 감는 실을 공식적으
로 바꾸는 날이다.

　　같은 호수에서 같은 날 각자의 방식으로 축제를 즐긴다. 샤
먼들이 이끌고 온 마을 사람들은 시바신을 함께 돌고 우유, 동전,
쌀, 빨간 티카파우더, 꽃 등을 준비하여 뿌자를 드린다.

　　봄포Bompo는 타망언어로 '샤먼'을 뜻한다. 각 마을에 한 명씩
의 샤먼이 있고 이들이 마을 주민들을 이끌고 온다. 한 마을의 무
리가 여자파트, 남자파트로 나누어 노래를 주고받으며 행진을 하
면 샤먼은 뒤에서 보조 샤먼과 함께 각종 장신구로 장식된 북을
들고 따라간다. 이 축제는 중매결혼이 아직 일반적인 네팔에서 중
매결혼을 피할 수 있는 공식적인 젊은이들의 기회이다. 축제 기간

중 남녀가 눈이 맞으면 여자는 남자 집으로 바로 따라가기도 한단다.

우리는 호수를 한 바퀴 돌며 축제의 행렬을 맞이했다. 신성한 물이기 때문에 4,300미터가 넘는 차디 찬 호수 물에 다들 들어가 신성한 목욕을 하고 뿌자를 드리고 있었다. 호수에는 온통 코코넛으로 가득 차 있다. 소젖을 바치는 게 가장 좋으나 몇 날 며칠을 걸어 우유를 가져올 수 없어 코코넛 속 물을 대신 바친다고 했다. 모두들 코코넛을 깨 물 속에 던져 온통 코코넛 호수가 되었다. 샤먼은 루트락쳐rudracche nuts와 종으로 장식한 의상을 입고 북을 치며 시작하였고 따라온 마을 무리 청년들은 성수를 나눠 마시고 머리에 뿌린다.

한 바퀴 돌고 나니 라마가 화가 단단히 나 있었다. 호수 주변이 온통 쓰레기장이 된 것이다. 사실 네팔은 쓰레기 분리수거도 하지 않지만 아무렇지 않게 가져다 버린 쓰레기와 제대로 된 처리장 시설이 없어 이미 카트만두 주요 강인 바그마띠강은 쓰레기 강이 된 지 오래이다. 목욕하러 들어가 벗어놓은 속옷부터 뿌자를 드리기 위해 가져왔던 각종 음식물들과 비닐봉지, 숙박시설 및 위생시설이 부족해 여기 저기 화장실로 만들어놓은 흔적들이 정말 할 말을 잃게 하였다.

오전이 지나자 전야제를 즐기고 아침에 뿌자를 드리고 다들 다시 떠나기 시작했다. 하지만 우리는 하루 더 머물 예정이었기 때문에 사람들이 다 떠난 후 조용한 호수를 다시 즐길 수 있었다.

사람들이 떠난
호수는 고요했다

❀ ❀   전날 임시로 쳐놓고 장사했던 사람들
은 텐트를 치우기 시작했다. 그날 밤 고요한 호수, 전날 몰려든 축
제 인파로 정신이 없었던 게스트 하우스 직원들은 다 같이 고기파
티를 했다. 그렇게 힘든 노동의 여파를 달래며 락시와 함께….

호수가 위치한 지역은 라수와주Rasuwa District로 카트만두에서
120km정도 떨어져 있다. 2011년 인구조사에 따르면 43,300명 인
구로 네팔 인구의 0.16%를 차지한다. 'The Land of Tamang'으로
알려져 있는 곳으로 타망 민족의 인구는 이 지역인구의 63.75%를
차지한다.

이 지역에서 활발하게 활동하는 곳 중 한 단체를 잠시 소
개하자면 랑탕지역보존협회Langtang Area Conservation Concern
Society(LACCS)란 곳으로 2007년 설립하여 '기후변화와 에코투어리
즘'에 초점을 두고 활동을 한다. 보존활동에서 지역주민의 역할을
활성화 시키는 것이 이들의 비전이다. 이 지역 주민들의 주 수입

원은 농업이지만 관광산업을 빼놓을 순 없다. 랑탕국립공원이 라수와주의 56%를 차지하고 있기 때문이다. LACCS의 대표적 활동으로는 첫 번째, 생물다양성 보존활동이 있다.

라수와주에는 15개의 산림형forest types, 3,000종의 꽃 종류와 눈표범, 레드판다, 히말라야 야생염소himalayan Tahr 등 약 46종의 포유류가 있다. 하지만 최근 레드판다는 그 개체수가 점점 줄어들고 있는 추세라고 한다.

또한 종자주권 보호뿐만 아니라 지역주민과 함께 관광과 관련된 장기적 계획을 같이 세우면서 관광을 촉진하는 활동을 한다. 코사인쿤두 호수는 힌두교와 불교인들에게 성지이기 때문에 성지 순례의 장소이기도 하지만 문화적으로 랑탕밸리는 타망과 티베탄들의 복합적 문화가 있고 구트랑Gutlang 지역은 타망민족이 주요 민족이며 싱곰파Sing Gomba라는 오래된 불교사원도 있어 관광자원이 많은 곳이기 때문이다.

우리가 경제적 척도를 가지고 제3세계라고 부르는 나라에서는 관광자원과 수입이 주민들에게 큰 부분을 차지한다. 하지만 이들의 문화와 전통을 배제한 채 관광수입만 좇아가는 모습은 경계해야 한다. 그래서 지역기반관광Community Based Tourism에서 중요한 것은 '주민들의 참여'이다.

다시 돌아와 내 트레킹 이야기를 마무리하자면, 호수에서 다시 카트만두로 돌아오는 마지막 날까지 쉽지 않았다. 갑자기 온 비로 산이 무너져 도로는 이미 아수라장이었고 험난한 길에서 버스와 트럭들은 힘겹게 운행 중이었다. 우리는 내려서 걸어야만 했고 그 때까지도 돌은 떨어지고 있어서 돌을 피해서 뛰어야만 했다.

　우기 때는 트레킹을 잘 가지도 않지만 일부러 코사인쿤두 호수에 축제로 현지인들이 몰려드는 때에 가지도 않는다. 다들 왜 그 때 힘들게 갔냐고 묻지만, 물론 힘들었지만 너무 특별했다고 말하고 싶다. 그 때 아니면 볼 수 없는 모습과 삶을 보았다. 삶은 특별하고, 삶은 모험이기 때문이다.

서로의 삶을 응원하며,
나마스떼

❀ ❀ 　　　　　코사인쿤두 트레킹은 나의 네팔 생활
의 정점이었던 것 같다. 모든 삶에는 변곡선이 있을 것이다. 코사
인쿤두는 어쩌면 꼭 다녀와야 했던 여정이었던 것 같다. 2년째가
되니 똑같은 계절이 찾아오듯 두 번씩 맞이하는 것들이 생겼다.
다시 더사인이 찾아왔고 유일하게 ATM 기기에서 빳빳한 지폐를
찾을 수 있는 날이라 기분 좋게 현금을 찾았다. 일부러 많이 찾았
지만 쓰기가 아까울 정도였다. 다들 가족을 만날 생각에 고향으로
떠날 준비를 하는 이들의 얼굴에는 행복이 가득했다. 나에게도 가
족이 있고 친구가 있는데 여기서는 언젠가는 떠나야 하는 이방인
으로 머무르고 있다.

　　떠나야 할 시간이 다가오고 있었다. 일을 정리하고, 눈에 더
담고 싶은 곳들을 얼마 남지 않은 시간들이 아까워 부지런히 다녔
고 나와 함께 했던 이들에게 인사를 하러 다녔다. 한국에 가져가
지 않을 옷가지와 짐들은 주변에 나눠주었고 아쉬움은 아쉬움대

로 남겨두었다.

누군가 그랬다. 네팔 사람들은 항상 자연 앞에 겸손하다고. 2년 동안 네팔에서의 시간은 나에게 큰 선물이었다. 자연 앞에 겸손하고 서로에게 축복을 아끼지 않으며 긍정적인 시간을 살아가는 사람들. 때론 너무 외로웠고, 때론 너무 힘들었지만 더 큰 기쁨과 감사의 마음으로 치유되었던 시간들이었다.

떠나오는 날, 짐을 챙겨 센터 식구들과 마지막 인사를 나누기 위해 들렀다. 누구에게 이별이 쉬울까. 이별은 언제나 쉽지 않다. 눈물을 한바탕 쏟아내고 돌아섰다. 공항까지 배웅 나온 벅터 씨와 헤어지는 시간은 너무 괴로웠다. 벅터 씨와는 같이 누볐던 산 속 마을이 한 두 개가 아니다. 체팡족 마을을 갔을 때는 3~4시간 봉고차를 타고 가다 내려 8시간을 걸어 올라갔다. 체팡민족 마을에서 홈스테이를 한 후 다음날 다시 7시간을 걸어 내려갔다. 산을 하나 넘어 다른 주로 넘어갔다가 카트만두로 돌아온 적도 있다. 그렇게 같이 누볐던 시간만큼 마음 속에서 뜨거운 것이 올라왔다. 서로 아무 말도 못한 채 있었다. 벅터 씨는 갑자기 주머니에서 카다를 꺼내 내 목에 걸어주고는 한마디 던지고 휑하니 돌아서 가버리셨다.

"아샤, 잘가."

네팔은
여전히 아름답다

🌿 ✳   한국에 돌아오자마자 80여년 만에 찾아온 대지진이 네팔을 강타했다. 영상 속에서 무너져 내리는 박타푸르의 사원들을 보며 내 마음도 무너졌다. 그렇게 하염없이 뉴스를 보며 울기만 하다가 민욱이 전화를 받았다.

"언니, 우리가 뭐라도 해야 하지 않을까?"

그렇게 네팔에서 활동했던 민욱이와 율도, 알렉스와 나 이렇게 넷이 모였다. 항상 긍정적인 웃음을 잃지 않는 네팔 사람들에게 웃음을 돌려주자는 뜻으로 'Smile Back NEPAL'이라는 프로젝트 명을 짓고 주변 지인들에게 뿌릴 포스터를 만들고 모금을 하기 시작했다. 팀원들은 가장 도움이 필요한 곳은 어디일까를 고민했고, 네팔 사람들과 함께 할 수 있는 프로젝트를 고민했다. 주변 친구 중에 노래와 뮤지컬을 하는 친구는 문화예술인들을 소개시켜 주면서 모금 공연을 하자고 제안해줬다. 그렇게 지진 후 5개월을 달렸다.

지진을
기억하는 방법

❀　❀　　　　　5개월의 지진복구기금 마련 프로젝트
를 하면서 네팔을 잠시 다시 찾았다. 세계문화유산은 무너졌고 곳
곳에 안전표지판이 즐비했다. 무너진 잔해 옆에서 사람들의 일
상은 그대로 굴러가고 있었다. 지진이 일어난 지 1년 반이 지난
2016년 여름, 자다가 갑자기 나는 중얼거리며 눈을 떴다.

　'네팔은 여전히 아름다운데'라며. 왜 내 입에서 자다 말고 그
런 문장이 튀어나왔는지 모르겠지만 눈을 뜨자마자 해야 할 일들
이 머릿속을 지나가고 있었다. 다음날 바로 '네팔은 여전히 아름
답다'라는 캠페인을 알리는 글을 올렸고 네팔을 사랑하는 몇몇 지
인이 함께하겠다며 연락이 왔다. 그렇게 서울, 대전, 부산, 청주,
울산, 천안, 제주 등 전국을 다니며 왜 네팔로 지금 가야 하는지
알리는 일을 전국을 다니며 기회가 되는대로 알렸다. 네팔사람들
은 다시 일상을 살아내고 있지만, 여전히 불안한 정치와 이로 인
한 더딘 지진 복구 앞에 불신의 목소리도 종종 들려오곤 했다. 지

진 후 네팔로 가는 여행객들이 전년도 대비 30%가 감소했다고 했다. 지진으로 손실된 세계문화유산들이 많지만 지진 후 1년 반이 지난 시점에서 지진피해를 받지 않은 트레킹 코스들은 여전히 아름다움에도 불구하고 우리 머릿속의 네팔은 곧 지진피해지역이 되어버린 것 같았다.

이에 네팔에서부터 I'm going to NEPAL(나는 네팔로 갈 것이다)나 I'm in NEPAL now(나는 지금 네팔에 있다) 등의 캠페인을 시작했다. 나 역시 네팔로의 여행을 부추기는 모임을 시작했다. 설명회를 거치면서 네팔의 현재 상황과 다양한 민족과 축제, 종교 등의 문화가 만들어내는 네팔의 아름다움을 소개하며 지진 후 네팔을 돕는 가장 좋은 방법은 네팔로 여행을 떠나는 것이라 말했다(함께해주신 심파상, 김대장, 심바 님께 감사드립니다).

기억의
시간을 걷다

❀　❀　　　　　　'네팔은 여전히 아름답다' 캠페인으로
정신 없는 여름을 보내자 가을이 찾아왔다. 여행플랫폼 '작은여행'
을 운영하는 멋진 페미니스트 나윤 언니의 제안으로 혼자 가려고
했던 랑탕지역으로 같이 떠날 여성들을 모으기 시작했다. 원래 혼
자 하는 여행을 즐기는 편이었지만 네팔을 조금이나마 더 많은 사
람들이 함께 해주길 부추기고 다녔기 때문에 나의 추억이 담긴 장
소의 기억까지 끄집어내어 여행을 기획했다. 캠페인에서부터 여
행기획까지, 네팔이 나를 계속 끌어당기는 걸까, 내가 네팔을 놓
지 못하는 걸까.

　　하늘과 가까운 곳, 네팔 최초로 지정된 국립공원이 있는 랑
탕Langtang 지역은 인간의 바람이 조금은 더 가깝게 닿을 수 있는
곳이자 네팔을 떠나기 전 라마, 다푸띠와 함께 트레킹을 다녀온
곳이다. 대지진으로 트레킹 코스 중간의 랑탕마을이 사라졌다. 아
직까지 찾지 못하고 땅 아래 묻혀있는 사람들이 있는 곳이지만 다

시 살아가기 위해 삶을 시작하는 사람들 또한 있는 곳이다. 나는 그곳으로 떠나고자 했다. 천천히 함께 걸어갈 여성들을 모으기 시작하면서 나는 코사인쿤두 트레킹 때 함께 해주었던 여성포터 다푸띠가 생각났다.

'한국 여성과 네팔 여성이 함께 히말라야를 걷는다면 어떨까?'라는 생각에 함께해 줄 벅터다이에게 연락을 했고 유례없는 한국 - 네팔 여성트레킹팀을 꾸리기 위해 현지에서는 네팔 여성 포터를 찾느라 분주해졌다. 나의 애정과 추억이 담긴 여행에 대한 관심은 높았고 한 팀이 아닌 두 팀이 되었다. 한겨울에 히말라야 트레킹을 두 번이나 해야 하다니. 하지만 너무 감사했다. 그렇게 꾸려진 '기억의 시간을 걷다' 팀은 사전연습으로 같이 등산도 가고 네팔음식도 먹으며 네팔에 대한 공부를 하면서 함께 트레킹을 준비해 나갔다. 이번 랑탕트레킹은 나에게 단순한 트레킹이 아니었다. 여름부터 시작한 캠페인의 마무리이자 나의 네팔사랑 갈무리이기도 했다.

2017년이 밝았다. 나는 1월 1일 새해 첫날 밤, 난 네팔로 떠났다. 네팔로 다가가면서 변하는 풍경들은 여전했다. 그런데 이상하게 전기가 나가지 않고 계속 들어오는 게 아닌가, 건기에 24시간 전기가 들어오다니. 이게 어찌된 일인가. 몇 달 전 에너지부 장관이 바뀌고 나서 인버터, 발전기 업자들의 비리를 밝혀낸 후 전기를 계속 공급해주고 있다는 것이다. 오마이갓!

익숙한 풍경이었지만 익숙함 속으로 다른 풍경들이 눈에 띄었다. 지진 전보다 급격히 늘어난 차량과 오토바이, 고급 레스토랑은 놀라웠다. 지진 후 네팔에 지진부자들이 생겨났다고 한다. 지진 후 해외에서 들어온 자금과 물자로 지진 관련 사업을 하는 사람들은 부자가 됐고 씀씀이도 커졌다. 지진 후 양극화는 더 커진 듯했다. 익숙한 듯 낯선 풍경 속에서 설렘을 안고 한국에서 올 팀을 기다리며 벅터 씨와 준비사항을 점검해나갔다.

함께 걸을 첫날

❀　❀　　　　　트레킹에 참여하는 분들이 다 다른 비
행기로 각자 오기에 나는 공항으로 하루에 몇 번씩 꽃을 사 드나
들었고 도착시간이 적힌 안내판을 하염없이 바라보았다. 두바이
에서 내리는 비행기가 있을 때면 이주 노동을 마치고 돌아오는 이
들이 쏟아져 나왔고 이들의 손에는 항상 TV가 들려 있었다. 함께
걸을 이들이 도착하고 당장 아침 일찍 떠나야 할 길이 길었기에
안내사항을 전달하고 일찍 잠에 들라고 했지만 다들 설레는 표정
들이 역력했다.

　첫날은 카트만두에서 트레킹의 시작 지점인 샤브루베시까지
비포장길을 지프차로 8시간 가량 달려야 하는 날이다. 나야 살면
서 시골길을 많이 달려봤기 때문에 익숙했지만 네팔이 거의 처음
인 이들에게 낯선 길이 어떨지 내심 걱정이 됐다. 분주하게 각자
들 본인이 들 짐과 포터에게 줄 짐을 나눠 싸고 지프차에 싣기 전
나는 벅터 씨와 함께 포터가 들 짐들의 무게를 쟀다. 네팔 정부에

서도 공식적으로 포터가 들 수 있는 최대 무게를 25kg으로 제한하고 있지만 우린 여성포터였기 때문에 네팔 여성가이드와 포터를 전문적으로 양성하는 회사의 기준인 12kg을 미리 말해 준수하게 했다. 트레킹을 다니다 보면 한눈에 봐도 40kg은 되어 보이는 짐을 머리에 지고 트레킹화도 없이 힘들게 올라가는 팀을 간혹 마주치게 된다. 여행자들은 최대한 싼 가격에 많은 짐을 들게 하고 여행사들은 이를 관행처럼 여기고 문제시 하지 않는다. 하지만 영국의 경우 포터인권선언을 제정하여 여행사들이 준수하게 한다.

여행은 서로에 대한 존중과 배려로 시작한다. 나의 트레킹을 위해 수고해줄 포터의 인권과 안전을 생각하는 것부터가 우리 여행의 출발점이길 바랐다. 훌륭한 팀원들은 짐을 적정하게 배분했고 2대의 지프차에 나눠 타고 카트만두를 빠져나갔다. 아슬아슬

한 비포장 길이 시작되었을 땐 한국과 전혀 다른 산의 모습을 보고 빠져들기도 하고 차가 흔들릴 때는 기사아저씨가 튼 인도음악을 들으며 리듬에 맞춰 몸을 맞추기도 하면서 샤브루베시에 도착했다.

에메랄드 빛 강이 흐르며 물소리가 거창하게 들리는 곳이었다. 짐을 풀고 저녁을 먹으러 내려오니 벅터 씨가 우리와 함께 할 네팔 여성들을 소개해줬다. 순간 나는 그리고 우리는 당황했다. '가녀리고 어려 보이는 저 여성들이 우리의 짐을 든다고?' 우리의 가방을 주기에는 너무 미안함이 들 것 같았다. 그 때 벅터 씨가 덧붙여 이야기를 했다.

"이 여성들은 산을 여러 번 다녀온 분들입니다. 물론 처음인 친구도 있지만 셰르파 민족 여성들은 태어날 때부터 산악지대에 탁월한 적응력을 가지고 태어나기 때문에 강하며, 타망 민족 여성들은 이 동네에서 오신 분들인데 다른 지역에 비해 소득수준이 낮고 지진 때 피해를 입은 지역에서 온 분들이라 이번 트레킹 경험이 경제적인 도움이 될 것입니다. 그리고 네팔에서, 특히 시골에서는 노동하는 연령이 낮습니다."

사실 나랑 같이 일했던 네팔 여성들도 체구가 작지만 체력은 더 강한 친구들이 많았고 한국과 다른 경제적 상황에서 새벽에 학교를 갔다 오후에 일을 하는 어린 친구들이 많았음을 떠올려보면 나의 생각들이 괜한 걱정이기도 했다. 우리의 기준에서, 나의 죄책감을 덜기 위해 만든 질문과 걱정은 아닌가 했다. 나는 그녀들을, 우리를 믿어보기로 했다. 서로 아직은 어색한 밤이었다.

어둠 속 자작나무

🌱 🌸　　　　한국여성 13명과 네팔여성 13명이었
다. 여복 터진 남자는 벅터 씨였다. 벅터 씨는 우리의 짐 무게를
보고 적절한 네팔여성을 짝지어 줬다. 각자의 배낭을 지정 받은
네팔여성과 인사를 하고 스틱을 점검하고 혹시나 배낭이 불편하
진 않을지 점검했다. 그렇게 각자의 여행짝꿍이 생겼다. 나의 짝
꿍은 두말할 것 없이 다푸띠였다. 3년만의 만남이었다. 나랑 처음
트레킹할 땐 그녀가 이 일을 시작한지 얼마 되지 않았을 때였다.
그랬던 다푸띠가 이 팀의 리더가 되었다. 3년 동안 여러 나라의
여성들의 짐을 들고 산을 올랐고 그동안 그녀는 더 단단해져 있었
다. 그 사이 결혼까지 한 그녀는 강해 보였다.

　　"자, 이제 천천히 떠나볼까요? 벅터 씨가 제일 앞에 가시고
제가 맨 뒤에 가겠습니다. 오늘은 고산병이 나타나지 않을 겁니
다. 그래도 모르니 혹시라도 몸에 이상이 있으면 바로 말씀해주세
요."

　본격적으로 걸어야 하는 오늘은 샤브루베시에서 라마호텔까지 이동하는 코스로 오르막길을 8시간 정도 걸어야 하는 강행군이었다. 날이 너무 좋았다. 히말라야는 산이 허락해야 볼 수 있고 품에 안길 수 있다는데 이 행운이 여행 끝까지 함께하길 바랐다. 우리 팀의 연령대는 30대 중반부터 60대 초반까지의 여성들이었다. 최고령자로 오신 어머니는 따님과 함께 오셨고, 30대 중반인 여성은 초등학교 입학을 앞둔 딸아이를 떼놓고 혼자 여행길에 올랐다. 2명의 대학생 딸을 둔 어머니는 본인의 자식과 남편만을 보고 살아온 삶을 돌아보며 오로지 나를 위한 여행을 위해 오셨다. 각자의 이야기를 안고 온 여성들이 길을 함께 걷고 있다.

　네팔어는 모르지만 간단한 영어와 손짓 발짓으로 서로의 상태를 확인해가며 서로를 챙긴다. 랑탕 계곡은 우리를 거대하게 감싸고 있었다. 우린 그 품안에서 걷고 있었다. 식생이 다른 나무와 설산이 눈앞에 펼쳐지고 빙하에서 녹은 물이 흘러내리는 계곡은 웅장했다. 하지만 지진의 여파가 아직까지 남아 길 중간 중간이 돌더미였다. 맨 뒤에 따라가며 이 돌무더기와 함께 걷고 있는 여성들의 뒷모습이 눈길을 계속 잡았다. 그렇게 도착한 라마호텔에서 짐을 풀고 저녁을 먹었다. 산속엔 이미 어둠이 찾아왔고 우린 내일 아침 8시에 다시 길을 떠나야 했다. 모두 힘든 길을 잘 올라왔고 더불어 피곤이 몰려왔다.

"내일 저희가 갈 곳은 제가 이 여행을 기획하며 설명드렸던 그 곳, 랑탕마을입니다. 지진 때 산사태가 나면서 마을이 통째로 없어진 곳입니다. 그 길 위를 걸어야 하고 우리는 내일 그 마을에서 머물 예정입니다."

드디어 내일 마주하게 될 랑탕마을은 어떤 모습일까. 물론 영상으로 사진으로는 많이 접했지만 실제 마주하게 될 랑탕마을을 생각하니 잠이 쉽게 오지 않을 것 같다. 밖으로 나오니 짙은 어둠 속 밝은 달 아래로 뒷마당 자작나무 잎이 바람에 흔들린다.

깃발만 나부끼다

❀ ✹　　　　　아침 일찍 숙소 앞엔 당나귀들이 놀러
왔다. 하루 온종일 같이 걸은 네팔 짝꿍들과는 좀 더 가까워진 듯
서로의 옷 매무새를 다듬어주며 떠날 채비를 하고 있다. 다 같이
아침체조를 하고 숙소를 떠났다. 길을 걷는 중간 중간 높은 곳에
서 아래로 시멘트 등의 자재를 나르는 당나귀 떼가 목에 걸린 방
울 소리를 경쾌하게 내며 지나가고 우린 잠시 길을 내주어야 했
다. 돌무더기 길은 좀 더 잦아졌고 랑탕마을은 3,000m가 넘는 고
도였기 때문에 풍광 또한 어제와는 확연히 달라졌다.

　오늘도 하얀 설산이 보이는 야외에서 햇빛을 받으며 점심을
먹었다. 오후면 랑탕마을에 도착한다. 점심때까지는 그래도 괜찮
아 보였다. 하지만 점심 후 이어지는 풍경은 멋지고도 슬펐다.

　"아샤, 저기 산에 다 쓰러진 나무들 보여요? 지진 때 산사태
로 강풍이 불어 나무들이 다 한방향으로 쓰러졌어요. 지금 아래
나무 베는 소리 들리시죠? 사람들이 쓰러진 나무를 베어다 자재

로 쓰고 있어요."

벅터 씨 말을 듣고 다시 보니 가는 길 내내 오른쪽 산들의 나무는 죄다 쓰러져 있다. 저 멀리 평지 같이 보이는 아무것도 없는 마을이 보인다. 랑탕마을이다. 매우 가까이에 보였지만 가는 길은 멀었다.

지나가는데 한 아저씨가 카다를 들고 커다란 바위 뒤로 간다. 바위를 하염없이 바라보다 바위를 향해 기도를 드리고 카다를 놓는다. 사연인즉 지진 때 포터로 이 길을 지나다 지진을 맞아 바위 뒤에 숨어 본인만 살고 친구들은 본인의 눈 앞에서 죽었다는 것이다. 다시 바위를 찾은 아저씨와 바위를 번갈아 보며 잠시 발길을 멈추었다.

랑탕마을 입구에 도착했다. 깃발만 나부끼는 돌무더기의 황폐한 대지가 보였다. 잠시 우린 걸음을 멈추고 벅터 씨의 설명을 들었다. 65가구 중 지진으로 인한 산사태로 63가구가 한순간에 땅속에 묻혀버렸고 175명 중 6구의 시체만 찾았다고 한다. 아직 차가운 땅속에 주민들과 여행자들의 시체가 묻혀있고 우린 그 위를 걸어야만 했다. 당시 근처에 있던 네팔 군인도 10명이 죽었고 24개 나라에서 온 여행자들이 함께 묻혔다. 대지 위에 나부끼는 깃발은 본인들의 집이 있던 곳에 꽂아둔 깃발이라 했다. 마을 입구에 세워진 기념비 앞에서 다 같이 서서 묵념을 하고 기념비 주변으로 코라를 돌았다. 기념비에는 당시 죽은 사람들의 국적과 나이, 이름이 빼곡히 적혀있었다. 이름 하나 하나를 읽어 내려가며 애도의 시간을 가질 때만큼은 날씨가 흐렸다. 해가 지려는 찰나 기념비 주변의 룽타는 거센 바람에 휘날렸고 우리의 마음도 무거

왔다. 지진에 묻힌 마을 위를 걸으며 이제 막 새로 짓고 있는 마을 숙소에 짐을 풀었고 우린 그날 밤 눈물지으며 서로의 이야기를 길게 나누었다. 랑탕마을에 도착한 날은 2017년 1월 9일, 세월호 참사 1천일이 되는 날이었다. 문을 열고 나간 랑탕마을 위로 셀 수 없는 별들이 하늘을 수놓고 있었다.

위로를 받다

❗ ❤　　　　　　밤새 긴 여운들을 안고 잤을 것이다.
우리가 나눴던 이야기들로 가득 찼던 밤이었다. 우리의 여행도 절
정으로 향해가고 있었다. 네팔의 1월, 겨울산행이다. 샤브루베시
를 떠난 후로는 씻지도 못했다. 고산병 예방 때문이기도 했고 씻
을 물도 부족했고 날씨는 아침, 저녁으로 엄청 추웠기 때문에 엄
두를 낼 수도 없다. 세수만 간신히 하고 떡진 머리는 모자로 감추
었다. 3,000m가 넘자 두통이 찾아오는 분들이 생겨났다. 오늘은
4,000m까지 가야 했다. 모두들 자신과의 싸움이 시작되었다. 네
팔 친구들도 어깨통증이 생겨 한국에서 가져온 파스를 나눠줘 붙
이게 했다. 걍진곰파에 다가갈수록 파노라마처럼 펼쳐진 설산의
광경은 눈부시게 아름다웠지만 발걸음은 느리기만 했다. 숨쉬기
는 벅차고 다리는 천근만근이었다. 그때마다 네팔 친구들은 앞에
서 계속 짝궁들을 뒤돌아보며 챙겨주었고 우리는 서로 말없이 의
지의 눈빛만 서로 주고 받았다.

"저희 코스의 마지막은 예정대로 5,000m인 체르코리입니다. 하지만 저는 체르코리가 아니라 그 전인 걍진곰파까지만 무사히 다같이 가는 게 목표입니다. 체르코리는 덤이라고 생각합니다. 아픈 사람 없이 함께 걍진곰파까지 가면 그걸로 우린 대단하다고 생각합니다."

진심이었다. 3년 전 코사인쿤두 트레킹 때 난 4,600m에서 머리가 너무 아픈 고산병을 겪었었다. 이번 체르코리는 나에게도 도전이었지만 우리가 전문 산악인도 아니면서 목표를 두고 못 올랐다 하여 이번 트레킹이 의미 없는 것은 아니었다. 서로 같이 잘 왔다 생각할 수 있는 지점, 내 의지로 내 체력으로 나에게 칭찬할 수 있는 지점, 그거면 우리에게 충분하다 생각했다.

항상 맨 뒤에서 걸어오시는 분이 계셨다. 허리디스크로 이번 트레킹은 그녀에게 도전 그 자체였다. 오기 전 꾸준히 체력을 길러 묵묵히 뒤에서 천천히 발걸음을 옮기셨다. 처음에 그녀를 봤을 때 과연 끝까지 함께할 수 있을지 걱정이었다. 하지만 결국 그녀도 함께 우린 걍진곰파에 도착했다. 서로에게 박수 쳐주기에 충분한 날이었다.

다음날 새벽 6시부터 우린 길을 나섰다. 역시 체르코리는 만만치 않았다. 13명 중 4명만이 체르코리에 올랐다. 4300m, 4600m, 4800m에서 한두 명씩 내려갔다. 나도 4,800m에서 내려가기로 결정했다. 눈앞에 정상이 있었지만 쉽지 않았고 지난 번보다 한 발자국 더 내딛은 나에게 감사하며 내려가기로 했다. 내려오는 길에는 다푸띠와 나 둘뿐이었다. 뒤돌아 내려오는 순간 갑자기 가슴이 먹먹해지더니 울음이 터졌다. 쉴새 없이 흐르는 눈물에 당황했지만 어느 순간부터 그냥 맘껏 울었다. 다푸띠는 그런 나를 묵묵히 지켜주었다.

뒤돌아보면 항상 내 뒤를 지켜주었던 다푸띠가 있어 울었고, 2017년 새해를 네팔 히말라야에서 맞이할 수 있음에 감사하며 울었고, 내 눈앞에 펼쳐져 있는 자연의 모습이 너무 아름다워 울었다. 랑탕마을을 함께 걸으러 온 사람들이 있어 행복했고 잘 마칠 수 있어 행복했다. 그렇게 '기억의 시간을 걷다'가 마무리되어 가고 있었다.

더 단단해진 우리는 랑탕 계곡을 따라 다시 내려왔다. 다리에 근육통이 온 팀원 옆에서 손을 꼭 붙잡고 산길을 내려가는 네팔친구의 뒷모습이 정말 포근하게 느껴졌다. 다시 찾은 숙소 장작난로 앞에 다 같이 모인 우리에게 네팔 친구들이 네팔이름을 지어주었다.

네팔 친구들은 한 사람 한 사람 특징을 살펴 이름을 지어주었고 왜 그 이름을 지어줬는지 설명을 들을 때마다 우린 박장대소하지 않을 수 없었다. 그렇게 샤브루베시까지 다시 내려왔고 우린 일주일 만에 샤워를 할 수 있었다. 하지만 태양열로 데운 물이라 모두가 따뜻하게 샤워를 할 수 없었고 나는 찬물 샤워를 하며 네팔에 처음 왔을 때의 게스트 하우스 추억을 떠올려야만 했다.

네팔 친구들과의 마지막 밤, 우리는 파티를 열었다. 사이사이에 끼어 앉아 서로의 이야기를 나누고 네팔음악을 들으며 다 같이 춤을 출 때는 무아지경이었다. 항상 놀랍다. 그렇게 힘든 트레킹을 마치고 나서도 에너지가 어디서 나오는지 네팔 친구들은 밤새 춤을 출 기세였다. 힘든 건 우리였다. 한국과 네팔 서로의 노래

가 오갔다. 타망 민족인 어린 친구 한 명이 나와 자기 마을이 겪은 지진과 관련된 노래를 시작했다.

그날 밤 그렇게 우린 하나였다. 언제 다시 볼지 모를 인연이 겠지만 우리가 함께한 시간 속 기억은 서로에게 그날 밤처럼 밝게 남을 것이다.

오늘도 흔들리는 삶

✿ ✸　　　　　　1차 팀을 보내고 바로 2차팀을 받아 나는 다시 랑탕 마을을 찾았다. 처음 마치고 내려올 때 펑펑 울었던 때와는 달리 두 번째 내려올 때는 홀가분했다. 이젠 걸을 만큼 걸었단 생각이 들었다. 나에게 이번 여행은 꼭 한 번은 거쳐야 하는 통과의례와 같은 것이었나 보다. 함께 온 사람들과 나눈 이야기들 속에 답을 얻고 내려온 기분이었다.

"슬프지 않아요. 네팔 사람들은 강한 사람들이니까요."

"그냥 좋은 곳 가시라 기도했어요."

"네팔 사람들의 방식을 존중하는 마음만 가지고 걸었어요."

"잠시 온 우리들이 슬퍼한다는 게 어쩌면…."

"제 자신 체력의 한계를 느끼며 삶을 적극적으로 바꿔보고 싶은 도전이었어요."

우린 '다시' 희망이 아니라 '이미' 희망 속에 살아가는 이들을 만나 배우고 돌아왔다. 우리가 오히려 네팔에서 위로를 받는다는

느낌이 강하게 올라왔다. 거대한 자연으로부터, 하늘 가까이에 살아가는 겸손한 사람들로부터 우리가 강한 위로를 받았다.

돌아오는 정신 없는 비포장 도로 위 차에서도 나는 잘 잤다. 차창 밖으로는 흔들리는 리듬에 맞춰 설산이 따라 춤을 추고 있었다.

언제나 흔들렸던 삶, 오늘도 흔들린다. 하지만 귀한 경험과 깨달음을 얻고 돌아와 나는 다시 네팔로 갈 준비를 하고 있다. 다시 간다 하더라도 질리게 사랑할 것이다. 나의 추억, 그리고 당신의 추억이 만들어질 네팔로 오라 말하고 싶다. 네팔은 여전히 아름답기 때문이다.

올 초 지진피해지역인 랑탕마을로 트레킹을 두 번 다녀왔습니다. 하얗게 반짝이는 4,800m 산에서 한 번은 서럽게 울었고, 한 번은 가벼운 마음으로 내려왔습니다. 2013년 시작된 저의 네팔 사랑의 정점이었을까요. 떠나보내지 못한 연인을 떠나보내듯 뭔가 한 번은 마무리 해야만 했던 저만의 숙제였던 것 같습니다. 그리고 다시 와도 좋겠다, 라는 생각에 짐을 꾸려 네팔에 왔습니다.

종교는 없지만 히말라야를 보며 신이라 생각했고, 거대한 자연 앞에서 살아가는 이들의 겸손함에 숙연해졌으며, 과거부터 현재까지 공존하는 다양한 삶의 빛깔에 눈이 부셨습니다. 이 책은 아직까지 무너지지 않은 마을의 공동체성과 예술적 삶의 모습들을 극찬하지만 시리도록 아픈 현실도 함께 담겨있습니다.

오랜 시간이라 말할 순 없기에 네팔에 대해 감히 말하는 게 어려웠지만 네팔에 대해 마음껏 자랑하고 싶은 마음이 앞서 기억을 끄집어냈습니다. 다시 살기 위해 온 네팔의 모습은 하루하루 새롭기만 합니다. 매년 반복되는 축제이고, 매일 걸었던 길인데도 새롭습니다.

이번에는 마차푸추레가 페와호수를 감싸는 포카라에서 살닿고 살아보려 합니다. 눈부신 설산이 페와호수에 비칠 때마다, 하얗게 반짝이는 호수 위로 지나간 보트의 물결이 일렁일 때마다, 그대를 떠올려 보려 합니다. 다시 새로운 삶이 만들어질 이곳이 두렵기도, 외롭기도 하지만 또 다른 설렘으로 받아들이려 합니다. 항상 이방인으로 사는 저를 발 딛게 붙잡아준 네팔에서 만난 모든 이들에게 감사드립니다. 그리고 오래 알아왔던 것처럼 편안하게 해주신 스토리닷 대표님과 떠나려고만 하는 큰 딸을 항상 응원해주는 사랑하는 가족에게 고맙습니다.

　나의 추억이 그리고 그대의 추억이 만들어질 포카라에서 만나게 되길. 서로의 삶을 응원하며 내안의 신이 당신 안의 신께 인사드립니다.

2017년 9월
포카라에서 아샤 드림

네팔은
여전히 아름답다

초판 1쇄 발행 | 2017년 9월 28일

지은이	서윤미
펴낸이	이정하
디자인	정제소

펴낸곳	스토리닷
주소	서울시 서초구 방배동 934-3 203호
전화	010-8936-6618
팩스	0505-116-6618
ISBN	979-11-88613-00-7

홈페이지	http://blog.naver.com/storydot
SNS	www.facebook.com/storydot12
전자우편	storydot@naver.com
출판등록	2013. 09. 12 제2013-000162

이 도서의 국립중앙도서관 출판예정도서목록(CIP)은 서지정보유통지원시스템 홈페이지(http://seoji.
nl.go.kr)와 국가자료공동목록시스템(http://www.nl.go.kr/kolisnet)에서 이용하실 수 있습니다.
(CIP제어번호: CIP2017023520)

스토리닷은 독자 여러분과 함께합니다.
책에 대한 의견이나 출간에 관심 있으신 분은 언제라도 연락주세요. 반갑게 맞이하겠습니다.